ILS ONT VU L'AVENIR

Kennes
Éditeur
de coups de cœur

Retrouvez-nous sur www.kenneseditions.com

Rejoignez-nous sur notre page Facebook :
www.facebook.com/KennesEditions
Suivez-nous sur notre compte Instagram :
kenneseditions

Rue de la Blanche Borne 15
6280 Gerpinnes (Loverval) – Belgique

ISBN : 9782380754421
NUART : 6170565
Dépôt légal : D/2021/13.105/100

Marc Pasteger

ILS ONT VU L'AVENIR

LES PLUS INCROYABLES HISTOIRES DE PRÉDICTION ET DE PRÉMONITION

Kennes

À MICHÈLE

INTRODUCTION

C'était il y a vingt-cinq ans. Mon métier de journaliste m'a conduit vers Claire Davryle, une charmante voyante parisienne mise dans la lumière par la télévision. À l'issue de l'entretien, plein de découvertes pour moi, elle glissa : « Si un jour, vous avez besoin de mes services, n'hésitez pas ! »

Je l'ai remerciée poliment avec, à cet instant, la ferme intention de continuer à ne jamais recourir à la voyance qui, certes, m'intriguait mais, surtout, me faisait un peu peur...

Quelques mois plus tard, ayant reçu d'une astrologue les thèmes croisés et pour le moins précis, de ma femme et de moi-même, j'ai eu envie de savoir si Claire Davryle en rejoindrait les grandes lignes.

Ce qu'elle m'a dit ce jour-là m'a forcément intéressé mais davantage encore sidéré lorsque j'ai constaté par la suite que des prédictions très détaillées se réalisaient.

Depuis, Claire Davryle est devenue une amie et, parallèlement, ma curiosité à l'égard de la voyance a sensiblement augmenté. D'où les histoires que je me suis mis à collectionner, concernant autant les anonymes que des personnages historiques. En ce qui concerne la première catégorie, j'ai volontairement modifié des dates, des noms de famille ou des lieux par souci de protection de la vie privée. Ces récits reflètent des faits recueillis au fil de mes nombreuses rencontres, mes lectures de livres, de journaux et revues émanant de plusieurs pays.

J'ajouterai, à titre personnel, je n'ai pas consulté d'autre voyante que Claire Davryle, qu'elle n'est mêlée à aucun des chapitres de cet ouvrage et que, même de façon déguisée, ce qu'elle a pu me confier lors de nos innombrables conversations ne figure pas ici.

Voici donc des aventures bizarres, étranges, interpellantes à propos d'un sujet éternel : l'avenir.

TABLE DES MATIÈRES

LA MAISON DU BONHEUR

Aussi loin qu'il s'en souvienne, Morton Carsbrook n'a jamais pris de vacances, de réelles vacances durant lesquelles on décroche de son travail et où l'on pense à tout autre chose. Il a sans doute raison s'il ne tient pas compte des semaines que ses parents lui offraient l'été au bord de la mer, à Southampton ou à Brighton, par exemple.

Mais effectivement, depuis qu'il a épousé la profession de banquier – car c'est bien d'un mariage qu'il s'agit – Morton Carsbrook ne s'est guère accordé de repos. Même le dimanche, il réussit à ramener chez lui des dossiers qu'il étudie jusque tard dans la soirée.

Et pourtant, ses nombreux amis le relancent régulièrement pour aller au théâtre, au restaurant ou à participer à une promenade sur la Tamise. « Quand on a la chance d'habiter dans la ville la plus exceptionnelle du monde qu'est Londres, assurent-ils en chœur, on ne reste pas enfermé chez soi ! »

Ils n'ont certes pas tort. Et parviennent d'ailleurs parfois à culpabiliser Morton qui s'est frotté au golf – un désastre – ou au cricket – un drame.

« De toute façon, le sport n'est pas pour moi. Déjà à l'école, je me faisais honte. Je me demande si je parviendrais encore à tenir sur un vélo sans m'étaler après cinq minutes… »

Des copains l'ont pris au mot et – oh miracle ! – Morton a effectué en leur compagnie une balade d'une heure à travers les larges espaces verts de la capitale.

À trente-huit ans, célibataire endurci, Morton Carsbrook se lève en pensant au travail, saute régulièrement un repas pour se consacrer au travail, organise des rendez-vous le soir pour servir son travail et s'endort en rêvant de son travail. Plus monotone que ça, difficile à trouver.

Même si l'intéressé rejette catégoriquement le qualificatif. À ses yeux, voir des clients, monter des opérations, étudier des transactions, ou rencontrer des confrères, tout cela constitue une palette d'activités plutôt large.

C'est d'ailleurs en discutant avec un ami de bonnes opérations à réaliser notamment en bourse, que Carsbrook a eu vent d'une affaire immobilière à réaliser dans le sud de la France.

Peu attiré par les voyages, même dans un pays proche, Carsbrook se sent d'abord un peu rebuté mais finit par se laisser convaincre. Il y a dans l'arrière-pays de Nice une vieille maison au milieu d'une propriété assez vaste que, faute d'entente, une famille parisienne ne mettait pas en vente. La mort d'un des membres du clan a fait tomber certaines difficultés. En cette seconde moitié des années 50, la Côte d'Azur figure parmi les régions dont la valeur va fortement grimper. Il y a déjà le Festival de Cannes qui ne cesse de gagner en notoriété. Et la proximité de la principauté de Monaco, que la star Grace Kelly rehausse désormais de sa présence depuis 1956 et son mariage avec le prince Rainier, constitue un atout de choix. « Si tu es intéressé, prends rendez-vous et fonce ! »

Comme il a envie de diversifier ses investissements et de voir d'autres décors que celui de sa ville natale, Morton Carsbrook manque de provoquer une syncope chez sa secrétaire quand il lui annonce : « La semaine prochaine, vous annulez tout ce qui se trouve dans mon agenda; je pars en vacances ! »

La pauvre dame, qui connaît son boss par cœur, s'inquiète : « Monsieur vient-il d'apprendre subitement qu'il est malade ? »

Morton rit : « Je vous remercie de vous soucier de ma santé ! Mais je me porte comme un charme. C'est en tout cas ce que mon médecin, que j'ai consulté pour la dernière fois il y a huit ans, m'a assuré !»

Décidé à profiter du dépaysement, Morton se laisse guider par des autochtones à qui il demande son chemin. Il a rendez-vous sur place avec le notaire. Carsbrook ignore qu'il se trouve à trois cents mètres de son but quand il interroge une femme d'environ quarante-cinq ans, pleine de charme et d'élégance. Elle porte une longue robe légère blanche ornée de grosses fleurs indéfinissables de couleur bleu marine.

Morton n'a pas le temps de prononcer le moindre mot. «Laissez-moi deviner: vous êtes le nouveau propriétaire de la villa.» L'Anglais précise : «Vous allez vite en besogne ! Je viens visiter. On verra ensuite.»

«Bonjour, je suis Rosalyne mais tout le monde m'appelle Rosa.» «Enchanté, moi c'est Morton.» «Donc vous aller acheter ce petit paradis !»

Morton rit: «Je ne l'ai encore vu que sur des photographies.» «Sans doute mais il va y avoir un coup de foudre entre vous.» «Entre qui et qui?» «Pardi, entre vous et la maison. Vous ne croyez quand même pas que la maison n'a pas son mot à dire !» «Heureusement qu'on jure, surtout vous les Français, que c'est en Grande-Bretagne qu'on trouve les maisons les plus bizarres !» «Ayez confiance : tout ira bien ! À une autre fois !» Et la belle dame s'éclipse.

Morton Carsbrook repère le notaire qui l'attend devant une grille en fer forgé. Et, d'emblée, comme annoncé par Rosalyne, Morton ressent quelque chose de fort vis-à-vis de ce lieu qu'il juge magique. Certes, le parc n'a pas été entretenu depuis un certain temps, mais un bon jardinier pourra y remédier rapidement. Quant à la maison, même si elle n'est plus habitée, elle semble en parfait état, à l'extérieur comme à l'intérieur. Il se dégage de cet endroit une sorte de quiétude bien à l'opposé de l'ambiance trépidante du quotidien de Morton.

« Pourquoi les gens de la région ne se sont-ils pas précipités sur ce bien visiblement exceptionnel ? » demande Carsbrook. Son interlocuteur se montre embarrassé. « La famille a laissé de mauvais souvenirs dans le coin. Il y a eu des querelles entre eux et puis aussi avec le voisinage. Et, même s'il n'existe rien de raisonné dans cette situation, aux yeux de beaucoup, cette maison possède une sorte de malédiction... » « Rien que ça ! » s'exclame Morton. « Oui enfin, il ne faut pas prendre tout ça au sérieux... » « Ce n'est évidemment pas vous qui allez me livrer des détails sur l'origine de cette réputation plutôt fâcheuse... » Silence puis : « Si je signais tout de suite, vous me feriez un prix... »

Le notaire qui s'attendait à des négociations longues et ardues en bégaie : « Vous... Vous... parlez sérieusement ? » « Parole d'honneur ! Je suis banquier et je donne toujours la priorité à mon feeling. »

C'est ainsi que sans avoir fait réaliser la moindre expertise, le moindre devis, Morton Carsbrook se retrouve propriétaire d'une maison pour un prix qui ne sera jamais révélé. Mais il jurera avoir réalisé une excellente affaire.

En revenant à pied vers son hôtel d'Antibes, le Londonien cherche à revoir Rosalyne mais ne la trouve pas. Le lendemain, il retourne sur des terres désormais siennes. Et sans l'avoir entendue arriver, il voit surgir Rosa juste derrière lui quand il ouvre la grille. « Alors, qu'est-ce que je vous avais dit ? » « Vous êtes très forte, je le reconnais. Bravo ! L'entrevue s'est déroulée selon l'espace de schéma que vous aviez établi. J'ai ressenti quelque chose de très fort pour cette maison qui, parallèlement, avait l'air de m'attirer comme un aimant... » « La maison du bonheur, vous ai-je dit. Surtout quand vous allez y ajouter deux enfants ! »

Il éclate de rire. « Mais que me racontez-vous là ? » « La même chose qu'hier, la vérité ! »

« Vous êtes déjà entrée ici ? » « Jamais... » « Bizarre, vous avez l'air de connaître l'endroit. » « Comme tout un chacun dans la région... » « Je vous invite... »

Ils se posent sur un vieux canapé. « Il y a une atmosphère incroyable ici, murmure Rosa. C'est celle du bonheur suspendu... » « Pourquoi suspendu ? » « Depuis la malédiction... » « Ah, nous y voilà ! Même le notaire a prononcé ce mot ! » « Et vous n'avez pas été refroidi ? « Non, j'avais confiance en mon intuition. Et je l'avoue, très curieusement, un peu en la vôtre... » Elle sourit, se lève, marche un peu, observe les murs, les caresse. « La famille Bergerin avait tout pour être heureuse ici. Il a fallu que le père, Fernand, aille flirter deux kilomètres plus loin avec Florentine, une belle boulangère elle-même mariée. Il l'a mise enceinte. Le mari cocu a tout appris, la femme adultère a fui avec son amant, et les Bergerin sont rentrés à Paris. La mère refusait de vendre. Elle est décédée voici peu, son mari aussi d'ailleurs. Et les héritiers ont enfin pu se débarrasser du bien. »

Morton ouvre de grands yeux : « Et vous osez encore appeler ça la maison du bonheur ? » « Oui, parce qu'elle en possède toutes les bases solides et durables que seules des âmes vendues au Diable pouvaient détruire. Mais le bonheur est toujours bien là. Sentez-le... Vous êtes déjà en train de l'attirer. Il ne demande qu'à être apprivoisé. » « Je veux bien vous croire mais je suis très occupé à Londres et je n'aurai pas l'occasion de venir souvent... » « Ce sera pour plus tard. Vous avez le temps pour vous... »

Morton Carsbrook a fini par rentrer dans sa capitale préférée. Après quelques mois, il a mis les travaux de rénovation en chantier et a été à deux doigts de se faire arnaquer par un entrepreneur véreux. Mais juste avant de signer le contrat, Rosa a surgi et lui a formellement interdit d'apposer son paraphe au bas d'un document parsemé de vices bien cachés. « Tout va se dérouler normalement, maintenant » a promis Rosa. « Vous êtes une fée ! » a souri Morton en lui déposant un baiser sur la joue. Tout a effectivement pris corps normalement. Un an et demi plus tard, Morton s'est fiancé à Londres et, assez vite, a voulu montrer sa deuxième résidence à sa future épouse. Les tourtereaux se sont mariés et, dans la foulée, ont eu des jumeaux. Plus jamais Morton Carsbrook n'a revu Rosa. Il l'a pourtant souvent cherchée, interrogé des tas de gens. Certains répondaient : « La belle dame qui prédisait l'avenir ? » « Oui, elle passait de temps en temps par ici mais on ne l'a plus vue. Et elle ne semblait pas avoir de domicile fixe... »

Longtemps, très longtemps encore, Morton Carsbrook penserait avec nostalgie à celle qui l'avait un peu poussé vers la maison du bonheur et qu'il n'avait jamais eu l'occasion de remercier...

À L'ÉLYSÉE, MADAME FRAYA VOIT LA FIN DE LA GUERRE

Le 13 septembre 1917, Mme Fraya se présente à l'Élysée. Face au registre où les visiteurs doivent écrire leur nom et la raison de leur présence, elle pense une fraction de seconde à ces mots : « Lire l'avenir dans les mains du président de la République. » Mais elle se ravise très vite et note plus simplement : « Invitée par Monsieur le Président de la République. »

Mme Fraya, née le 21 mai 1871, est alors la voyante la plus célèbre de Paris. Elle s'est taillé une très solide réputation auprès de nombreuses célébrités : Séverine, la pionnière du journalisme féminin en France (qui lui a trouvé son pseudonyme car la dame est née Valentine Dencausse et a été brièvement mariée à un sieur Delmas), la reine Nathalie de Serbie, Lucien Guitry (qui voulut même l'épouser), Sacha Guitry (qui affirmait : « Il faut croire Mme Fraya, elle ne se trompe jamais. »), Anatole France, Pierre Loti...

En 1910, Mme Fraya fréquentait également le couple Edwards, alors très connu au sein du tout-Paris. Alfred, d'origine anglaise, avait fait fortune en Hollande grâce au cacao Van Houten. Il investissait à tout va et avec un rare bonheur. Sensiblement plus âgé que son épouse, la jolie comédienne Geneviève, dite Ginette,

Lantelme, Alfred Edwards, obèse, rougeaud et colérique, est également jaloux. Malgré ses multiples activités professionnelles, il surveille de près sa Ginette qui, gravure de mode ambulante, attire les regards de la gent masculine. Gare à celui qui l'approcherait de trop près !

Les Edwards aiment organiser des fêtes grandioses et pas nécessairement du meilleur goût, comme celle où, à la fin d'un repas copieusement arrosé, on amena sur un immense plateau une femme entièrement nue qui allait être baptisée au champagne...

Mme Fraya évite ce genre de mondanités. Un jour pourtant, peu avant la fête de Noël de 1910, elle dîne chez les Edwards en compagnie de beaucoup d'autres invités.

Ginette annonce que, durant le mois de juillet suivant, elle et Alfred vont mettre au point une croisière sur le Rhin. De nombreux amis seront conviés à bord. Et elle lance à Mme Fraya : « J'espère que vous serez des nôtres ! » La voyante s'effraye : « Renoncez à cette croisière, je vous en supplie... » Et elle argumente : dans sa vingt-huitième année, Ginette est menacée par un grand malheur.

Mais la jeune femme n'écoute pas. Le 25 juillet 1911, par une forte chaleur, très entourés, les Edwards embarquent comme convenu sur un bateau richement aménagé et décoré. Le soir, il fait encore chaud. Les hommes et les femmes, légèrement vêtus, usent et abusent du champagne bien frappé afin de se rafraîchir. Comme ils le peuvent, tous regagnent leur cabine. Un peu plus tard, d'aucuns entendent des cris. Un drame vient de se produire : Ginette a basculé dans l'eau et est emportée par le courant très fort du fleuve...

Dans le premier port où le navire peut accoster, les autorités prussiennes ne croient pas à la thèse de l'accident que défend Alfred : à cause de la chaleur, Ginette se serait penchée pour prendre le frais et, un peu saoule, aurait perdu l'équilibre... La police soupçonne Edwards d'avoir assassiné son épouse d'autant qu'elle découvre rapidement que les disputes au sein du couple étaient fréquentes. Mais, faute de preuves, ne peut guère aller plus loin.

Que s'est-il passé précisément ? On ne le saura jamais. Ce qui demeure certain, c'est qu'Alfred Edwards, comme ses copains, avait trop bu, voire beaucoup trop bu. Après le repas, plus personne n'avait les idées claires. Et il reste que, une fois encore, pour rejoindre Sacha Guitry, Mme Fraya avait eu raison.

Cette personnalité atypique dont on parle tant a fini par intéresser les milieux politiques. À telle enseigne qu'au milieu de la Première Guerre mondiale, le président de la République lui-même, Raymond Poincaré, fait passer le message à un ami commun : il voudrait rencontrer Mme Fraya.

Face à elle, il apparaît préoccupé et un peu perdu. Tentant de le rassurer, Mme Fraya lui explique que trois ans auparavant, l'une des sœurs de Guillaume II, l'a consultée. Elle dit : « J'ai tenu entre mes mains une lettre du Kaiser. Je puis vous affirmer, Monsieur le Président, que cet homme court à sa perte. Son monstrueux orgueil lui dicte des actes insensés. Son impulsivité n'a d'égale que son entêtement... Ses malencontreux coups de tête accomplis, il se bute, nie l'évidence, ne veut jamais reconnaître ses erreurs et s'obstine dans une voie qui est en train de conduire l'Empire germanique au désastre... Croyez-moi, sa puissance n'est plus qu'une façade... J'ai dit à sa sœur que Guillaume II terminerait sa vie en exil. Je le maintiens. Ne croyez-vous pas, Monsieur le Président, que cela présage nettement sa défaite ? »[1]

Raymond Poincaré écoute très attentivement. Il est captivé.

Un peu plus tard, Mme Fraya affirme : « Aussi sûr que je suis ici, dans ce fauteuil, je suis absolument certaine de la chute prochaine de l'Allemagne. Le Kaiser est fini. Dans les mois qui viennent, tout va se liguer contre lui. Quant à l'avenir de la France, d'ici la fin de l'année, il se produira un heureux redressement.

---

1 Simone de Tervagne – *Une voyante à l'Élysée – Madame Fraya* - éditions Pygmalion – 1975

Un grand coup de barre sera donné, grâce à une éminente personnalité que vous serez amené à appeler au pouvoir.»[2]

Une fois Mme Fraya partie, certains membres de l'entourage du chef de l'État s'étonnent du temps (une trentaine de minutes) accordé à une telle personne. Mais Poincaré les coupe net et s'exclame : «J'irais jusqu'à recevoir le Diable à l'Élysée, s'il pouvait m'aider à gagner la guerre.»

Ce n'est pas le Diable qui, très vite, va faire son apparition auprès de Raymond Poincaré, mais celui que l'on surnomme le Tigre, Georges Clemenceau, nommé Président du Conseil et ministre de la Guerre. Et comme prédit par Mme Fraya, en formant un gouvernement, celui-ci va donner «un grand coup de barre»...

2 Déjà cité

UN CADEAU D'ANNIVERSAIRE

Par un beau jour de l'été 1985, Maria Elena parvient à persuader Catarina de l'accompagner à un événement ne durant que l'espace d'un week-end, quelque part à Séville. Il s'agit d'une sorte de salon, ou de foire, selon les points de vue, de la voyance où une quinzaine de personnes, dont une majorité de femmes, sont installées à de petites tables très espacées en attendant le client. La lumière est tamisée, l'ambiance feutrée.

L'année dernière, à pareille époque, dans le même lieu, Maria Elena s'est jetée à l'eau. Elle a consulté Mme Teresa, choisie un peu sur sa bonne mine, et en a été ravie.

Résultat : elle veut absolument que sa meilleure amie, Catarina, vive pareille expérience. Cette dernière a mis de longues semaines à se laisser convaincre. Très rationnelle, elle ne comprend pas la démarche. Mais comme elle aime beaucoup Maria Elena et que celle-ci lui offre la séance pour son anniversaire (dix-neuf ans), Catarina a finalement accepté.

L'entretien, réalisé à partir de l'étude d'une photo de la jeune femme, se passe bien. Mme Teresa ne tarit pas d'éloges sur les capacités intellectuelles de la demoiselle. Elle la voit réussir brillamment dans un univers « où il y a beaucoup d'argent ». Côté cœur, Teresa la prévient qu'elle rencontrera des déceptions, qu'elle mettra du temps avant de trouver l'homme de sa vie mais que ce sera « un amour éternel ». Et puis, plus grave, elle lui dit : « On va vous annoncer que quelqu'un de proche est mort. Surtout, il ne faudra pas le croire. Et ne pas perdre de temps… »

Catarina blêmit. C'est exactement le genre d'information qu'elle redoutait d'entendre et la raison pour laquelle elle avait opposé une vraie résistance au projet de Maria Elena.

Évidemment, elle pose des questions sur l'identité de la personne, la date de l'événement. Mais Mme Teresa ne peut aller plus loin. « Je pourrais supputer, mais je m'y refuse. Je ne vois rien d'autre... »

Catarina apprécie très moyennement son cadeau d'anniversaire. Et ne peut le cacher à Maria Elena. « Maintenant, je vais garder cette idée-là en tête et me tracasser... » L'autre réplique maladroitement mais finit par admettre qu'elle n'aurait pas dû pousser son amie dans une telle aventure. L'an dernier, Maria Elena, elle, n'était sortie de la séance qu'avec du positif.

Les années passent et nous amènent en 1996. Catarina Moreno habite à Paris. Elle occupe un poste de haute responsabilité dans un important groupe bancaire. Son ascension dans cette société a été fulgurante, ses patrons reconnaissant être tombés sur une perle rare recommandée par leur filiale espagnole. Parfaitement trilingue, Catarina Moreno fait des merveilles, se donne plus que de raison à un métier qui lui fait oublier le vide sentimental. Elle a bien eu quelques liaisons, et, forcément, décevantes.

« Tu es trop brillante, tu fais peur aux hommes ! » lui répètent ses copines. Récemment, cette belle jeune femme aux longs cheveux noirs a craqué pour un nouveau collègue, un Français prénommé Julien. Elle a déjeuné puis dîné avec lui. C'était idyllique jusqu'au moment où, à l'issue du second repas, Julien lui avoue : « Je suis très sensible à ton charme, à ton intelligence, j'adore ta conversation. Je voudrais tellement aller plus loin avec toi mais je me dois d'être honnête : je suis marié... » Il a ajouté, comme beaucoup d'hommes dans ces situations-là, que l'union en question battait de l'aile mais, ce discours, Catarina l'avait déjà entendu...

Le 22 octobre dans la soirée, un appel téléphonique la sort de sa mélancolie. C'est Justino, son frère aîné, en pleurs. « Maman… Maman est morte… »

Âgée de soixante-huit ans, veuve de longue date, Magdalena Moreno a été victime, chez elle, d'un malaise. Elle était inconsciente quand, un peu plus tard, Justino a débarqué. Il a appelé les secours. Trop tard. Leur maman s'était éteinte.

Catarina fait au plus vite afin de rejoindre Séville. Dans l'avion, elle repense à la vision de la voyante en 1985. Elle a gardé les deux phrases dans un coin de la tête même si, avec le temps, elle y a moins pensé. Catarina répète : « Maman n'est pas morte… Maman n'est pas morte… »

À Séville, elle fonce vers la morgue de la clinique où sa mère a été déposée. Elle remue ciel et terre, hurle, menace, exige qu'on sorte le corps du frigo en attendant un médecin qui accourt. Et finit par constater que le cœur de Magdalena Moreno bat encore, même si c'est faiblement…

Sur sa lancée, Catarina a intenté, et gagné, un procès à l'encontre du toubib ayant signé le permis d'inhumer. Elle a assisté à la renaissance, voire la résurrection, de sa maman, qui, petit à petit, a repris une vie normale.

Catarina a également remercié mille fois Maria Elena de l'avoir emmenée autrefois chez Mme Teresa, dont, malheureusement, elle n'a pas retrouvé la trace. En revanche, alors qu'elle se trouvait encore à Séville, Catarina a reçu un appel de Julien lui annonçant qu'il avait entamé une procédure de divorce ; il serait bientôt libre…

Et, forcément, maintenant qu'elle louait le Ciel d'avoir mis Mme Teresa sur sa route, Catarina s'est convaincue que l'« amour éternel » évoqué en 1985 avait le visage de Julien…

DRÔLE D'AFFAIRE POUR UN TRIBUNAL

Dans le cabinet qu'il occupe depuis plus de vingt ans au centre de Munich, Me Rainer Kauffmann se gratte le crâne, qu'il a presque chauve, puis levant les yeux de ses notes, regarde sa cliente et dit : « Donc, si je comprends bien, vous voulez que je traîne Angelika Strauss au tribunal afin qu'elle prouve ses dons de voyance… » De l'autre côté du bureau, Sybille Hammer, une petite quarantaine, l'œil vif, sourit triomphalement : « C'est exactement ça ! »

Me Kauffmann qui, dans sa carrière déjà longue (il a cinquante-deux ans), en a forcément entendu des vertes et des pas mûres, ne peut s'empêcher de constater : « On ne m'a jamais sollicité pour une affaire aussi curieuse… Et, si cela se trouve, il s'agit d'une première pour le barreau allemand, voire international… »

Sybille Hammer hausse les épaules. « Eh bien je serai donc une pionnière ! Moi ce qui m'importe, c'est de coincer cette voleuse ! » « Comme vous y allez ! tempère Reiner Kauffmann. À l'heure actuelle, avec les éléments dont nous disposons, rien ne nous permet de lancer une telle affirmation. Et gardez-vous bien de la répéter devant témoins, car vous risqueriez la diffamation ! »

L'avocat a raison de calmer sa cliente car, en ce début d'année 1983, rien n'indique que Sybille Hammer ait la moindre chance de gagner un quelconque procès contre Angelika Strauss.

Celle-ci, fausse blonde plantureuse, exerce donc l'activité de voyante à Munich. À quarante-cinq ans, elle peut se targuer de posséder une belle clientèle relativement fidèle. Le bouche-à-oreille lui étant favorable, Angelika n'a jamais eu à payer le moindre espace publicitaire afin de vanter ses qualités. Les quidams lui rendant régulièrement visite lui ont assuré la meilleure des promotions.

La dame en impose par son allure très élégante, sa façon distinguée de parler et, plus encore, par l'empathie qu'elle peut manifester à quiconque vient lui confier ses soucis, petits et grands.

C'est cette dernière caractéristique qui a d'emblée séduit Lora Hammer, cousine de Sybille. Conseillée par une amie, Lora, soixante-six ans, a pris rendez-vous chez Angelika et lui a raconté ses malheurs : « Je me sens vieille et inutile. Je souffre d'une maladie des os qui, je le sais, limite mon espérance de vie. Moyennant quoi, je meuble mes journées plongée dans la nostalgie quand je ne broie pas du noir... »

Angelika eut les mots que Lora voulait entendre, et notamment ceux-ci : « Vous allez rencontrer quelqu'un, une femme, qui va devenir votre confidente et vous apporter beaucoup. Je la vois proche de vous géographiquement... Habiteriez-vous un appartement ? » C'était le cas. « Cette personne va bientôt s'installer dans le même immeuble que vous. »

Un mois plus tard, le seul appartement libre dans l'environnement de Lora fut occupé par Liese Sachs, charmante brune de cinquante ans, fraîchement divorcée et cherchant d'urgence un point de chute. Très vite, Lora alla sonner à sa porte afin de lui souhaiter la bienvenue. Peu habituée à de tels égards perdus depuis belle lurette dans les grandes villes, Liese fut touchée par cette attention et, au milieu de la majorité de ses caisses encore fermées, reçut sa nouvelle voisine autour d'une tasse de café et de quelques biscuits.

Conformément à la prévision d'Angelika, le courant passa d'emblée très bien entre les deux femmes. Qui n'allaient plus cesser de se voir.

Elles offraient quelques points communs, dont la solitude. Veuve, Lora avait appris après le décès de son mari que celui-ci l'avait abondamment trompée pendant de longues années avant qu'il ne disparaisse brutalement dans un accident de la route. Savoir que cet homme lui avait menti sur le long terme avait atténué sa tristesse. Si elle avait beaucoup pleuré, c'était plus sur son sort et son aveuglement que sur l'absence d'un individu ayant profité de sa candeur. Depuis, ne voulant plus courir le risque d'une autre cruelle déception, elle avait tiré un trait définitif sur la gent masculine.

Liese se trouvait un peu dans le même état d'esprit. Soupçonnant son époux d'infidélité, elle s'était transformée en détective et l'avait suivi. Et avait fini par établir que le menteur entretenait une liaison suivie avec une jeunette de vingt ans sa cadette. Scénario classique du mâle quinquagénaire pensant que coucher avec une trentenaire le rajeunit illico de deux décennies...

Au fil de leurs conversations, sorties, déjeuners et dîners, Liese Sachs a entendu parler à de nombreuses reprises d'Angelika Strauss à qui Lora vouait une admiration et accordait une confiance sans bornes. « Tu devrais aller la voir ! » finit-elle par lancer à Liese. L'autre éclata de rire. « Que pourrai-je en tirer ? Je ne veux rien savoir, je préfère laisser le destin me guider. Et, de toute façon, je crois sincèrement que personne n'est capable de prédire l'avenir. »

Lora était contrariée lorsqu'on mettait en doute les dons d'Angelika. « Dois-je te rappeler qu'elle m'a prédit que j'allais te rencontrer ? » Ce à quoi Liese rétorquait : « Elle ne t'a quand même pas livré ma photo ! »

Dès lors, les deux amies évitaient le sujet. Lorsque Lora allait chez Angelika Strauss, elle le mentionnait de temps à autre juste pour voir la réaction de sa voisine. Qui demeurait indifférente.

L'état de santé de Lora Hammer continuait à se détériorer. Elle avalait moult médicaments et commençait à s'en lasser. Son poids baissait de façon inquiétante en même temps que son moral. Puis, bizarrement, alors que rien ne le laissait présager, elle retrouva le sourire. « C'est grâce à Angelika, avoua-t-elle à Liese. Elle me prépare à la mort en me lisant des textes qui me réconfortent. L'au-delà est plein de promesses dès lors qu'il ne fait plus peur. »

Inquiète, Liese avait demandé : « Au lieu de consulter ta voyante, tu as parlé récemment à tes médecins ? » Lora avait soupiré : « À quoi bon ? Ils ne servent qu'à faire vivre l'industrie pharmaceutique qui me détruit encore plus vite que la maladie. »

Résultat : confortée en cela par les conseils d'Angelika, elle envoya balader ses prescriptions et, d'un coup sec, jeta les pilules et potions qui encombraient sa table de nuit et celle de sa cuisine.

Liese tentait bien de la raisonner mais elle sentait que l'opinion d'Angelika tenait lieu de parole d'Évangile. Un soir, elle rentra de chez Mme Strauss particulièrement apaisée : « Elle m'a dit que dans un ou deux mois, je ne serais plus là... » Tranquillement, Lora s'y prépara et, notamment, rédigea un testament. « Je n'ai pas d'enfants, pas de famille directe et les deux, trois cousins éloignés qui pourraient prétendre à ma succession ne se sont jamais souciés de moi. Donc, je me propose de partager mes avoirs entre toi et Angelika. »

Émue, Liese la remercia mais précisa : « Je ne souhaite rien recevoir. Si tu me laisses quelques souvenirs, j'en serai heureuse. Mais pas davantage. Je vis confortablement et possède des économies que mon charmant ex-mari a été obligé de me verser... Pourquoi ne lègues-tu pas de l'argent à une œuvre ? »

L'idée n'emballait pas Lora. « Angelika s'occupera de tout... »

Et ainsi fut fait. La voyante organisa des obsèques de grande classe à sa cliente si généreuse. Puis, devant le notaire, acquit un appartement et de grosses sommes d'argent que Lora, bien plus fourmi que cigale, n'avait jamais songé à dépenser ni même à écorner.

Liese chérissait trop le souvenir de Lora pour émettre le moindre commentaire. Au cimetière, elle échangea quelques banalités avec Angelika mais sans manifester la moindre hostilité à son égard.

Quelques mois s'écoulèrent avant que Sybille Hammer apprenne le décès de sa cousine et prenne des renseignements chez le notaire. Car même éloignée de la défunte, Sybille aurait pu, faute de testament, prétendre à l'héritage de Lora.

Habitant la région de Cologne, Sybille effectua le déplacement jusqu'à Munich où, entre un rendez-vous chez le notaire et une discussion avec la voisine préférée de Lora, elle eut de quoi nourrir une vraie colère à l'égard d'Angelika Strauss. D'où le dialogue par lequel ce récit commence, tenu dans le cabinet de Me Reiner Kauffmann.

Ce brillant avocat devrait donc prouver qu'Angelika Strauss n'a aucun don de voyance, qu'elle est exclusivement une orfèvre de l'escroquerie et a raconté des fadaises à Lora dans le but de l'endormir. Ensuite, elle a usé de toute son influence sur une personne affaiblie et minée par la maladie afin de lui faire renoncer à son traitement médical. Objectif final : s'emparer de ses biens !

« Je serai direct, chère Madame, finit par conclure Reiner Kauffmann. Je veux bien ouvrir un dossier et déposer une plainte mais je ne vous garantis nullement une victoire. Nous allons d'abord nous heurter au témoignage de Liese Sachs. Certes, Angelika Strauss lui inspirait de la méfiance. Mais elle précise que Lora Hammer voulait lui léguer une grande partie de sa fortune. C'est seulement parce qu'elle a décliné l'offre que votre cousine a choisi d'en offrir la totalité à Angelika Strauss.

En toute neutralité, la même Liese Sachs m'a fourni quelques détails sur des points intimes qu'Angelika Strauss avait abordés avec Lora. Et il ne fait aucun doute qu'elle ne possédait aucun moyen d'avoir accès à des informations confidentielles, comme les trois tentatives de suicide de la maman de Lora Hammer. Donc, que l'on appelle ça de la voyance ou de l'intuition, il existe des éléments qui joueront en faveur de celle que vous rêvez de voir condamnée. Vous désirez prouver que cette dame ne possède aucun don surnaturel ? Méfiez-vous ! Elle risque juste de démontrer le contraire... Mais je vous avoue surtout que je crains que la justice ne nous rie au nez et se déclare incompétente dans le traitement d'une telle affaire...»

Pas du genre à baisser les bras, Sybille Hammer se met en tête de convaincre Liese Sachs de rejoindre son camp. Après tout, elle lui a laissé entendre que cette Angelika était un drôle de personnage. En mémoire de son amie disparue, elle peut bien charger l'intruse et, ainsi, peser lourd sur la révision du testament.

Devant une tasse de café, Sybille expose son plan. Liese sourit. «Ne perdons pas de temps, Madame. Je ne marcherai pas dans votre combine. Je n'éprouve aucune sympathie pour Angelika Strauss et la voyance me laisse pour le moins sceptique. Il reste effectivement des chances, ou malchances, pour que cette dame abuse de la crédulité d'autrui à partir de pas grand-chose. Mais je n'en possède aucune preuve et n'ai pas l'intention de tronquer quoi que ce soit. Et encore moins de trahir les dernières volontés de Lora. Je me permettrai même de vous rappeler que, contrairement à Angelika Strauss, même si celle-ci se faisait rétribuer, ces dernières années, vous ne vous êtes jamais souciée de votre cousine, raison pour laquelle elle n'a pas désiré que vous soyez reprise au nombre des héritiers. Lora était et demeure mon amie. Et même si je ne partageais nullement ses lubies à l'égard de Mme Strauss, je continuerai à entretenir et défendre sa mémoire.»

Furieuse, Sybille quitte le domicile de Liese et fonce vers le cabinet de Me Kauffmann où elle lui donne le feu vert pour entamer une procédure à l'encontre d'Angelika Strauss.

Sans boule de cristal ou marc de café, Reiner Kauffmann avait vu juste. Au tribunal, le juge et ses assistants se divertirent de ce dossier insolite. Puis se déclarèrent incompétents pour le traiter.

Sybille Hammer cria au scandale et même à la « collusion des forces occultes »... Il se murmura qu'en prenant connaissance de l'action qui la menaçait, Angelika avait tremblé. Sans doute avait-elle craint pour son avenir. Un comble...

LA SURPRISE

1930. Emily Jones, quarante-quatre ans, habite à la campagne, à cinquante kilomètres de Londres dans une jolie maison d'un étage avec grenier, au milieu d'un jardin fleuri de taille modeste, dominé, à l'avant, par une rangée d'hortensias et un parterre de roses.

Howard, son mari, un marchand de tissus plutôt prospère, voyage beaucoup et revient sous le toit conjugal quand bon lui semble.

Emily ne se fait guère d'illusions sur sa fidélité. Et se souvient régulièrement du conseil que lui avait autrefois donné sa mère : « N'épouse pas ce Howard, il a la réputation d'un coureur de jupons. Et les hommes qui courent ne s'arrêtent jamais, même une fois mariés... »

La formule convient parfaitement à Howard, homme élégant, dépensant d'ailleurs de jolies sommes chez les tailleurs londoniens, se faisant friser les moustaches chez les meilleurs barbiers et ne lésinant pas sur les petits cadeaux afin de plaire à ses conquêtes. Emily n'est d'ailleurs pas absente de la liste. Lorsque Howard pense à rentrer, ce n'est jamais les mains vides.

Ces gens sans enfants n'ont jamais eu grand-chose en commun. Souvent plongée dans les livres ou dans le « Times » qu'elle lit quotidiennement de la première à la dernière page, Emily ne manque pourtant pas de sujets de conversation potentiels. Mais Howard ne s'y intéresse pas. Et moins encore depuis quelques mois où même quand il daigne se poser dans sa résidence principale (il possède également un petit appartement à Londres), il a l'air absent. De toute façon, il espace de plus en plus ses séjours campagnards. « Trop de travail », se contente-t-il de lâcher laconiquement à son épouse. Parfois, il ajoute cruellement : « Vivre en ville me convient mieux. J'ai besoin de cette ambiance. Elle me stimule dans mon métier. »

Il sait qu'Emily déteste Londres et qu'elle ne proposera jamais de déménager. Effectivement, l'idée n'effleure même pas l'esprit de la dame qui se fait une raison. Son mariage se montre loin d'être heureux mais, après tout, elle n'est pas la plus à plaindre en ce bas monde ! Elle se le répète tellement qu'Emily finit par en être pleinement convaincue.

Et le temps s'écoule ainsi pendant trois ans encore. Emily Jones, qui entretient des rapports cordiaux avec ses voisins, ne raconte pourtant jamais ce qui touche à la sphère privée. Tant et si bien que, le 22 novembre 1933, lorsqu'elle reçoit un télégramme de son mari lui demandant de la rejoindre à Londres, elle s'organise sans en parler à qui que ce soit. À une exception : le facteur, Jackson, qui lui sert un peu de confident. « Je me doute que c'est pour notre anniversaire de mariage qui a lieu dans dix jours. Autrefois, Howard m'a déjà réservé une telle surprise, se souvient-elle. Et, comme d'habitude, il a tout prévu. Je dois le retrouver à la gare de King's Cross... »

Un grand sourire dans le cœur mais pas sur le visage parce qu'il gèle à pierre fendre le jour où elle boucle sa maison, sa petite valise à la main, Emily quitte son village. On ne l'y reverra jamais.

Le 5 décembre, Howard Jones se rend au siège de Scotland Yard afin de signaler la disparition de son épouse. Pourquoi a-t-il attendu 48 heures pour entamer cette démarche alors qu'Emily devait arriver à King's Cross le 2 décembre ? « Ma femme est un peu étourdie. J'ai pensé qu'elle avait manqué le train et qu'elle en prendrait un autre. J'ai quand même fini par me poser des questions. J'ai télégraphié. Et c'est le facteur, Jackson, qui m'a répondu que mon épouse avait scrupuleusement respecté les consignes reçues... »

Puis, écrasant une larme : « Je souhaitais célébrer notre anniversaire de mariage de façon originale. J'ai réservé le restaurant qu'elle préfère... C'est demain... »

L'enquête lancée ne donne rien, ni dans l'immédiat, ni plus tard. Seul le guichetier qui a vendu le billet à Mrs Jones se souvient clairement d'elle. Il faut dire que, dix minutes avant l'arrivée du convoi, il s'est mis à neiger à flocons très serrés et que la visibilité a été brusquement réduite, même à deux ou trois mètres.

Dans les six gares où le train a fait halte avant Londres, un policier est allé poser des questions. Nul ne se souvenait avoir vu quelqu'un correspondant à la description faite d'Emily Jones.

Étant donné que Jackson, le facteur, apparaît comme le dernier à avoir parlé à Emily, quelques minutes après que celle-ci eut fermé la porte de sa maison, il est longuement interrogé. Il ne peut guère aider, indiquant seulement que, pour lui, Mrs Jones n'était pas du genre « tête en l'air » comme le sous-entendait son mari. Selon lui, il est impossible qu'elle ait confondu la date de son départ. Prudent pourtant, et ne voulant nuire à quiconque, il a ajouté : « Bien entendu, Mr Jones connaît mieux son épouse que moi... »

Ce sur quoi Jackson voulait insister, c'était sur les longues heures que Howard a mis à s'inquiéter du retard d'Emily.

Il y a bien eu ensuite des avis de recherche, une photo publiée dans plusieurs journaux. En dehors de quelques réactions fantaisistes, comme toujours dans ces cas-là, cette procédure ne servit strictement à rien.

1947. De passage à Londres, Gracie Chase, qui vit à Édimbourg, apprend très tardivement par une relation commune, Dorothy Quinn, chez qui elle séjourne, que son amie Emily Jones n'a plus donné de nouvelles depuis 1933 et que cette disparition demeure une énigme.

« Une énigme ? » explose Gracie d'un rire mauvais. « Foutaise ! » Un bref silence puis : « Un soir de neige, elle a été jetée dans la Tamise. Sans doute par son mari, un drôle de type que je n'ai jamais senti honnête.» Puis, assurée de l'effet qu'elle va produire, elle ajoute : «Je le sais depuis 1920.»

Dorothy, avec qui elle partage le breakfast, en laisse tomber la petite cuillère dans sa tasse remplie de thé. «Mais... Mais... Les faits sont survenus en 1933...»

«Je sais, oui. Vous vous souvenez sûrement qu'autrefois, je me servais de pouvoirs disons... inhabituels, dans certaines de nos discussions...» «Vous me faisiez parfois peur, d'ailleurs!» «Je n'en ai jamais abusé. On appelle ça des intuitions. Par moments, sur certains individus, je vois des choses, des images très claires n'ayant pas encore eu lieu. J'ignore quand elles vont se produire. Mais je possède l'intime conviction que ce sera le cas. Ne voulant pas finir comme les sorcières de jadis, je m'abstiens d'en trop parler...»

Dorothy veut évidemment en savoir davantage. «Et à propos de cette pauvre Emily?»

«Je me souviens lui avoir conseillé fortement de se méfier de la Tamise parce qu'un homme tenterait de l'y pousser. Je sentais en tout cas un grand danger. Emily en a été étonnée, a affiché un sourire crispé puis m'a demandé si, tant que j'y étais, je ne pouvais pas lui fournir des renseignements quant à l'individu en question. Mais l'image envahie par la neige qui tombait dru m'empêchait d'aller plus loin... J'étais chez elle, nous prenions le thé. Elle a finalement haussé les épaules et a conclu : "De toute façon, je ne vais quasiment jamais à Londres et, dès qu'il neige, je me calfeutre chez moi..."»

Dorothy Quinn demeure réaliste: «Aucun élément ne permet d'incriminer Howard dans l'éventuel assassinat d'Emily...»

«Non. Sauf que je serais prête à le jurer...»

Se sentant investie d'une mission que personne ne lui a confiée, Gracie Chase prend les choses en main, en commençant par retrouver Howard qui, l'affaire de son épouse classée, a passé la bague au doigt d'une jeunette. Ce qui, dans l'esprit de la détective très peu qualifiée, constitue un indice supplémentaire de culpabilité : évidemment que Howard a tué Emily afin de convoler avec une demoiselle de près de vingt ans sa cadette !

Sans perdre son sang-froid, Gracie expose son hypothèse face à Howard qu'elle n'a pas quitté des yeux.

Celui-ci n'a montré aucune émotion, aucun agacement. Il a écouté Gracie puis, lorsqu'elle a achevé son laïus, il lui a ordonné de quitter les lieux et de ne plus jamais l'importuner avec ce qu'il a nommé des « divagations insultantes autant pour lui que pour la mémoire de la défunte ».

Gracie ne s'arrête pas là. Elle débarque à Scotland Yard. Un inspecteur enregistre sa déposition et ne peut s'empêcher de sourire quand il se rend compte que sa visiteuse ne possède malheureusement aucune preuve de ce qu'elle avance. N'en ayant cure, Gracie consigne ce qu'elle sait dans une longue note envoyée à trois journaux londoniens toujours à l'affût d'un scandale. Deux d'entre eux publient un petit article émettant tout de même des réserves sur la seule source dont ils disposent.

Gracie n'apportait certes pas la vérité garantie. Mais, dans cette triste affaire, elle fut la seule à indiquer une piste, hélas impossible à suivre autant d'années après les faits, et par trop imprécise, voire loufoque selon certains esprits très cartésiens, pour être prise au sérieux...

LA FAIM DU LABOUREUR

Il s'appelle Robert Nixon et sans quelques cris lancés un beau jour dans l'un des champs où il avait l'habitude de travailler, il ne serait jamais passé à la postérité.

Robert voit le jour dans un village en Angleterre dans le courant de la première moitié du XVe siècle. Assez vite, sa famille se rend compte qu'il n'est pas très malin. Au contraire même : il s'exprime avec difficulté et assez bizarrement. Bref, comme laboureur dans une ferme voisine, il fera l'affaire mais certes pas davantage.

Et Robert Nixon vit sa petite vie tranquille. Jusqu'au moment où, en plein boulot et au milieu de quelques camarades, d'une voix forte, il se met à prononcer ces mots : « Alors, Dick ? Alors, Harry ? Oh, pas de chance, Dick ! Oh, bien joué, Harry ! »[3]

Ces exclamations intriguent. Et prennent tout leur sens le lendemain quand autour de Robert, on apprend que Richard III (Dick) a été tué lors de la bataille de Bosworth, gagnée par Henry Tudor (Harry). Celui-ci monte sur le trône et devient Henry VII d'Angleterre.

Robert Nixon possède-t-il des dons de voyance ? Il n'en faut pas plus pour que, dans le village, on en soit convaincu.

Et le bouche-à-oreille, plus vieux média du monde, fonctionnant à merveille, le souverain en personne est mis au courant de l'existence de Robert Nixon et de sa particularité. Il veut le

3 Collectif – *Le Grand Livre du mystérieux* – Sélection du Reader's Digest – 1985

rencontrer. Mais, l'apprenant, Robert, simple d'esprit, prend peur et court dans tous les sens, jurant qu'on projette de le faire taire.

Finalement calmé, Robert accepte d'être conduit devant le roi. Qui se méfie. Il se montre certes intrigué mais redoute quand même d'être confronté à un plaisantin et d'en paraître ridicule. Alors, il tente de faire tomber Robert dans un piège. Il explique à son visiteur qu'il a égaré, à moins qu'on ne lui ait volé, un diamant de grande valeur. Robert verrait-il quelque chose à ce sujet ? Et, souriant, Nixon répond : « Celui qui a caché retrouve. » C'était bien le roi qui, à dessein, avait dissimulé le bijou.

Le paysan a réussi son examen d'entrée à la cour ! Dès lors, Henry VII va garder le laboureur à ses côtés et prêtera désormais attention à la moindre de ses prophéties.

L'heureux élu manifeste son contentement mais quelque chose le tracasse et il s'en ouvre au roi : il a le pressentiment qu'il mourra dans le palais, et d'inanition…

Afin de le rassurer, Henry ordonne que l'on puisse à toute heure du jour et de la nuit satisfaire son ami Robert et qu'on lui donne à manger ce qu'il demandera.

Dans les cuisines royales, on râle et ce Robert devient la bête noire de bien des domestiques.

Henry VII devant s'absenter longuement, il confie la garde de Nixon à son chambellan. Celui-ci l'enferme dans le cabinet royal persuadé que, là, rien ne pourra lui arriver de mal, qu'aucune des personnes ayant pris ombrage des privilèges accordés à Robert ne pourra s'en prendre à lui. Et afin de rassurer totalement Robert, il ferme la porte à clef. Il prendra régulièrement de ses nouvelles.

Seulement voilà : devant à son tour partir dans la précipitation, le chambellan oublie Robert. Que, plus tard, on découvrira, comme il l'avait tant redouté, mort de faim…

LA CASE NOIRE

Pour occuper une existence plutôt vide, Mia Ross nourrit quelques obsessions. Dans le désordre : passer régulièrement sur la table d'opération de son chirurgien esthétique, organiser des fêtes afin de montrer qu'elle possède davantage de moyens que ses voisins et consulter Jenna Cole, sa voyante, à propos de tout et de rien. Cette dernière est devenue autant une confidente qu'une psychologue. Et l'expression d'un certain bon sens quand Mia se laisse saisir par la fièvre acheteuse allant de la collection entière d'un couturier dont elle s'est entichée jusqu'à l'appartement somptueux qu'elle ne tardera pas à revendre, en passant par la énième voiture qu'elle ne conduira pas plus souvent que les précédentes...

Mia Ross habite à Santa Monica dans une propriété de rêves (son rêve à elle en tout cas car le mariage des décorations et des couleurs pourrait aussi pour certaines paires d'yeux sensibles incarner un parfait mauvais goût) où, disposant d'un personnel de maison fourni, elle n'a rien à faire. À cinquante-deux ans, Mia Ross, grande blonde mince à la limite de la maigreur, aime se contempler en bikini dans le grand miroir qu'elle a, à cet effet, fait installer au bord de sa vaste piscine.

Son mari, Aidan, trop occupé à vendre avec succès les plus beaux bateaux aux grosses fortunes des États-Unis et du monde entier, brille la plupart du temps par son absence. Et, de toute façon, cela fait bien longtemps que Mia et Aidan n'ont plus rien à se dire. Lorsqu'ils séjournent au même moment sous le toit conjugal, il leur arrive de ne pas se croiser de la journée tellement la maison est gigantesque et leurs habitudes et leurs horaires sont très différents.

Si elle était lucide, Mia avouerait qu'elle s'ennuie ferme, et ce depuis longtemps. Elle ne lit que les magazines de mode et de beauté ainsi que des revues mondaines. Les livres lui font peur, les conversations auxquelles les amis de son époux pourraient l'associer la font bâiller, les associations de bienfaisance qu'on lui propose régulièrement de présider la font fuir encore plus que les enterrements.

Heureusement que le téléphone a été inventé ! Et, en cette année 1980, Mia Ross ne compte pas moins de douze postes répartis dans son domaine. À tout moment, Mia peut appeler qui elle veut. Mrs Ross n'a rien d'essentiel à communiquer mais elle veut parler, écouter, passer, tuer même, le temps. « Ma chérie, raconte-moi les derniers potins ! » constitue sans doute la phrase qu'elle prononce le plus souvent sur une semaine.

Et puis il y a donc Jenna Cole qu'elle contacte entre une à trois fois par semaine. La voyante a bonne presse dans la région. À quarante-deux ans, à en croire les adeptes du genre et ce qu'on écrit dans certains journaux acquis à sa cause, elle figure au top de sa profession. Il faut dire qu'en dehors des dons, réels ou supposés dans son job, la belle brune pulpeuse possède plus d'un atout pour attirer les regards. Les photographes sont toujours les bienvenus chez elle. Et ses shootings en robes légères quand ce n'est pas en maillot de bain font l'admiration de la gent masculine et féminine. Célibataire, Jenna refuse de flirter et encore moins d'entretenir une liaison avec les clients.

Avec Mia notamment, Jenna fait preuve d'une patience infinie. Car, évidemment, elle n'a pas de nouvelles choses à délivrer à quelqu'un la sollicitant aussi souvent.

Mais subitement, le 9 avril 1980, sans y mettre les formes, Mia Ross va droit au but. « Jenna, il faut que je sache : est-ce que mon mari me trompe ? »

Visiblement surprise, Jenna marque un temps d'arrêt puis remarque : « Si j'ai bonne mémoire, c'est la première fois que vous évoquez le sujet. En tout cas devant moi... »

Mia confirme : « Vous avez raison. C'est que jusqu'ici, je ne me suis jamais vraiment posé la question. Il y a dû y avoir un coup de canif ou l'autre dans le contrat de mariage, mais c'est du passé. Comme vous le savez, Aidan se déplace beaucoup. Mais, l'autre jour, je me suis mise à calculer le nombre de jours que nous passions réellement ensemble sur une année. J'ai repris mes agendas et je me suis rendu compte que mon époux n'était associé que rarement aux événements dont j'ai retrouvé la mention. » Mia temporise.

« Votre mari est un homme d'affaires très demandé. Il est donc normal qu'il se trouve souvent à l'extérieur de chez vous... » « J'entends bien, Jenna, mais une fois loin de moi, il n'est pas nécessairement plongé dans son carnet de commandes et dans la lecture de ses contrats à longueur de journée, et surtout à longueur de nuit... Et puis... » « Et puis ? » « Il ne s'intéresse plus vraiment à moi. D'ailleurs, nous n'avons plus fait l'amour depuis trois mois... »

Ce jour-là, Mia est confortablement installée dans le canapé moelleux que Jenna réserve à ses visiteuses et visiteurs. Séparée d'elle par une table basse, selon son habitude, la voyante jette parfois un mot sur un bloc-notes. Puis demande : « Vous avez une photo d'Aidan sur vous ? » « Vous le connaissez pourtant ? » « Oui, à force de l'avoir croisé dans vos réceptions. Preuve d'ailleurs qu'il n'est pas aussi absent que vous voulez bien le souligner, sourit-elle. Mais vous savez bien que je fixe mieux mes pensées sur une photo... »

Mia sort de son portefeuille un cliché de son homme tout à son avantage. En tee-shirt et maillot de bain sur un voilier, sur fond d'océan et de ciel bleu, il apparaît encore plus grand que son mètre soixante-dix-huit. En pleine force de l'âge (cinquante ans), il a des cheveux noirs légèrement grisonnants qui achèvent de lui donner un petit air de mannequin. Mia continue : « Je ne suis pas aveugle : son apparence est agréable et il peut plaire à bien des femmes. Il est toujours très beau. » Un court silence puis : « Avec moi, il n'a pas à se plaindre. Tous les efforts que je fournis et les opérations que j'ai choisies, c'est autant pour me faire plaisir que pour le satisfaire. Vous m'avez déjà vue dans des bikinis qui ne cachent pas grand-chose ! J'ai les seins d'une femme de trente ans grand maximum ! Sans parler du reste tout aussi impeccable… Grâce à mon chirurgien et aussi à un coach sportif, les longueurs chaque matin dans la piscine, les pâtisseries que je me refuse. Bref, c'est du boulot tout ça ! »

« Il y est sensible, commente Jenna. Il apprécie d'avoir à ses côtés une femme aussi séduisante. »

Mia sourit. « Vous me rassurez un peu… » Jenna est lancée : « C'est quelqu'un qui a sans cesse des choses à se prouver par rapport à un passé n'ayant pas été de tout repos. Autrefois, Aidan a dû digérer beaucoup d'échecs et déployer énormément d'énergie afin de les surmonter et pouvoir trouver sa voie. Je me trompe ? »

« Vous m'épatez, une fois de plus ! Aidan est issu d'un milieu modeste. Il n'a pas pu aller bien loin dans ses études. Il a beaucoup bataillé afin de se faire une place au soleil… » Puis elle ricane : « Contrairement à moi, parfaite incarnation de la fille à papa… »

Aidan n'est pas très sûr de lui. Il travaille encore et toujours plus que les autres afin d'acquérir une sorte de légitimité… »

Mia soupire : « Je pensais qu'il était sorti depuis longtemps de cette période-là. Personne ne conteste sa réussite ! Il ne m'en parle jamais… »

Jenna ajoute : « Je perçois aussi que cet homme a franchi le cap de la cinquantaine avec difficulté… » Mia s'agace : « Oui, il ne voulait même pas célébrer son anniversaire. Et il m'a dit ça quand j'avais déjà invité plus de cent personnes ! Finalement, il a cédé. Moi, je lui ai précisé que pour se sentir mieux à partir d'un certain âge, il n'existait qu'une seule solution : la chirurgie esthétique ! J'en suis à ma cinquième opération et je n'en reçois que des compliments ! » Jenna poursuit : « Ce n'est pas ce genre de remède qu'il cherche. L'esthétique ne l'intéresse pas et, lui qui veut tout contrôler, je ne l'imagine pas à la merci d'un bistouri ! »

Un rien vexée, Mia rectifie : « J'agis bien de la sorte ! » « Mais vous y prenez du plaisir ! »

« Que voyez-vous d'autre à propos de mon mari ? » « L'entente avec votre fils n'est pas bonne. Il lui reproche de ne pas se battre suffisamment pour gagner de l'argent. Ne lui aurait-il pas coupé les vivres à un moment ? Et, surtout, il y a une soirée qui s'est mal terminée... »

Mia soupire. « Voilà encore un point que je n'évoque jamais. Ethan a aujourd'hui vingt-trois ans et vit dans un très bel appartement non loin d'ici. Il s'est mis en tête de faire de la musique. Il enregistre avec des copains... Il joue de la guitare, divinement bien... Mais le succès n'est pas encore au rendez-vous... Il essaye pourtant tout pour percer : les musiques de films, les génériques pour la télé, les concerts... Aux yeux de son père, c'est un glandeur... Comme Ethan ne gagne pas sa vie, c'est nous qui l'entretenons. Un jour, effectivement, son père a piqué une grosse colère parce que notre fils a été chopé dans une soirée où la cocaïne circulait en abondance et qui s'est mal terminée. Dans un état second, un gamin a voulu en tuer un autre. Heureusement, il n'y est pas parvenu mais il y a eu descente de police et Aidan a dû payer une caution pour faire sortir rapidement Ethan embarqué avec les autres... Il n'a pas décoléré pendant plusieurs jours... »

« Et puis, c'est à vous qu'il en a voulu... » Mélancolique, Mia sourit : « Je ne pourrai rien vous cacher... Je n'en pouvais plus de savoir mon enfant unique sans un dollar. Je reconnais qu'il dépense sans compter... Alors, je suis allée le voir et lui ai donné de l'argent. Je suis un peu comme lui, les billets sont toujours tombés sans que je doive produire le moindre effort. J'ai été éduquée comme ça... Aidan s'est étonné qu'Ethan ne pleure plus au téléphone pour mendier... Il n'a pas tardé à comprendre... »

« Il aime votre fils, ne vous en faites pas. Mais il est très ambitieux pour lui et estime qu'il se gâche... »

Mia lève les yeux au ciel : « C'est sa liberté. Et moi, je ne l'entrave pas... » Elle allume une cigarette, avale la fumée profondément, fixe la moquette bordeaux. Puis revient au point de départ de la conversation. « Est-ce que mon mari me trompe ? »

Jenna fixe à nouveau la photo qu'elle tient à deux mains. « Mia, vous n'ignorez pas que je refuse le bluff. Quand je ne sais pas, je l'avoue. C'est le cas... » « Donc, vous ne l'excluez pas... » Jenna précise : « Cet homme-là cherche un renouveau. Il demeure bloqué sur le choc des cinquante ans. En fait, même s'il ne me semble pas du genre à pouvoir le reconnaître, il est paumé. Vraiment paumé. » « Au point de chercher des solutions à ses problèmes dans d'autres bras ? » « Pas nécessairement. Il veut y voir clair par rapport à lui-même. À côté de lui, là où se cacherait peut-être une autre femme, je ne distingue rien... »

Mia retrouve son air conquérant : « Il doit venir vous écouter ! Votre discours va l'aider, j'en suis certaine. »

Jenna rit : « Mia, vous m'avez déjà raconté à quel point votre mari se moque de vous lorsque vous lui rapportez nos conversations ! » En prenant congé, Mia affirme : « J'en fais mon affaire ! »

Et effectivement, le surlendemain, Aidan accepte d'appeler Jenna. « Ma femme m'a convaincue de vous rencontrer. Il paraît que vos paroles sont limpides et valent le détour. » À l'autre bout de la ligne, la jeune femme s'esclaffe : « On dirait que je paye votre épouse alors que c'est juste le contraire ! » « J'y mets pourtant une condition. Comme je ne crois pas à la voyance et que je ne veux en aucun cas être pris pour l'un de vos clients, je souhaite vous rencontrer dans un endroit discret. Je vous invite à déjeuner et, bien entendu, je vous règle en plus le montant de la consultation. »

Amusée par une telle entrée en matière, Jenna accepte. Le jour fixé, Aidan se présente au bureau de Jenna et ils se rendent dans un restaurant aux salles à manger particulières.

Répétant qu'il n'a jamais pris au sérieux les gens prétendant lire l'avenir dans des boules de cristal, des cartes ou même des photos, Aidan passe la commande. Jenna l'observe, l'écoute, attend une pause puis prend la parole.

« Je n'ai nullement l'intention de vous convaincre que vous avez tort et moins encore que je suis la sorcière la plus redoutable de toute la Californie... Je vous donne ma parole que votre épouse m'a simplement remis l'un de vos portraits (elle le sort de son sac à main) et qu'à partir de ce seul support, j'ai obtenu ce que je crois être des séquences authentiques. Mais n'ayant disposé que de quelques heures, rassurez-vous, je n'ai pas fouillé votre existence de fond en comble ! J'ai ce que l'on appelle dans mon jargon, des flashes... Pas de panique, je ne vais donc pas pouvoir rédiger votre biographie ! » Elle rit. Lui aussi. « Ouf ! Eh bien va pour les flashes ! »

Jenna se réfère à de maigres notes tout en regardant à la dérobée la photo posée à côté de son assiette.

« Vous vous savez à un tournant d'autant que c'est vous-même qui l'avez fixé. Vous vous étiez juré que cinquante ans constitueraient l'âge d'un bouleversement, une révolution même. Vous avez mûrement réfléchi et, secrètement, vous avez décidé de changer d'activité professionnelle. »

Devenu soudainement blême, Aidan bredouille : « Comment ? Comment ? » Jenna réplique par son plus beau sourire. « Vous avez accepté de jouer le jeu, laissez-moi poursuivre en me concentrant... Vous avez eu deux rendez-vous dans ce sens mais, contrairement à vos calculs les plus justes, aucun de vos deux interlocuteurs n'a accepté votre proposition. Vous voulez vendre votre affaire pour une somme colossale. Et vous pouvez l'obtenir. Vous avez simplement commis une double erreur d'appréciation sur les personnes à qui vous vous êtes adressé. Et aujourd'hui, votre malaise vient du fait que vous craignez que ces gens-là manquent de discrétion. Pour l'instant, ils n'ont pas parlé. Mais il vous faut agir vite et tout ira bien. Vous allez conclure avec un homme que vous connaissez de longue date et auquel vous ne pensez pas nécessairement pour un tel dossier. Il est de taille moyenne, un peu rond, doit avoir environ dix ans de plus que vous. Et ne vous veut que du bien. Je vois une lettre A... Cela vous aide ? »

Aidan éprouve quelques difficultés à cacher son trouble. Pas de doute : à moins d'être une espionne de très haut vol, Jenna possède des dons exceptionnels ! D'autant que, tentant de remettre de l'ordre dans son esprit, Aidan prononce entre ses dents un prénom et un nom : « Arthur Bailey ! » Tout naturellement, Jenna continue : « Il vous a soutenu autrefois alors que vous traversiez une période compliquée. Une histoire de banquier véreux, c'est ça ? »

Les entrées achevées, la serveuse apporte les plats. Jenna avale deux gorgées de vin blanc, attend que la demoiselle soit sortie de la pièce et reprend. « La journée, vous travaillez normalement. La nuit, vous vous enfermez et vous peaufinez des projets qui concernent le monde de la télévision… Tant que vous n'avez pas mis fin à votre business actuel, vous ne soufflez mot de vos envies à personne. Peut-être parce que vous n'avez confiance qu'en vous. Et encore, pas tous les jours… »

Aidan demeure bouche bée. « Vous, alors… » « Encore une chose ! Les chemises contenant les documents sur votre avenir professionnel sont cachées dans un coffre. Mais je vous jure que je ne l'ai pas localisé et moins encore deviné le code… »

Jenna prend son couteau et sa fourchette puis s'extasie : « Ce poisson est un délice ! Vous n'y touchez pas ? »

À moitié K.-O., Aidan Ross marmonne. « Non… Je n'ai plus faim… » Ne profitant nullement de la situation, Jenna l'encourage. « Vous n'êtes évidemment toujours pas forcé de me croire. Mais vos mois très moroses s'achèvent. Votre avenir sera radieux ! Allez, mangez ! »

Et comme un gosse écoutant sa mère, Aidan se décide enfin.

Au bout de quelques minutes de silence et d'une lampée de vin, Ross fixe longuement les beaux yeux bruns de Jenna. « Contrairement à vous, j'ignore ce qui va m'arriver. Mais vos paroles m'ont chamboulé. Je vais m'arranger pour rencontrer Arthur Bailey. Je vous demande… » « Je suis tenue par le secret professionnel, par une déontologie que j'ai moi-même établie et à laquelle je tiens particulièrement, ne craignez rien.»

Quand il veut régler le montant de la séance, elle refuse. «Le repas suffit. Je ne pratique pas de double tarif...» Il a l'élégance de ne pas insister.

Six semaines plus tard, peu avant 10 heures du matin, croyant un client en avance et son assistante étant en vacances, Jenna Cole ouvre la porte et tombe nez à nez avec une haie de roses rouges. Deux livreurs sont indispensables pour tenir l'ensemble. «Nous sommes bien chez Jenna Cole ?» demande l'un d'eux. «Euh oui...» «Vous voulez un coup de main ?»

En fait, les employés ont également apporté dix vases qu'ils répartissent au rez-de-chaussée de la villa. Dans chacun d'entre eux, ils disposent une douzaine de fleurs. Sans omettre de remettre une enveloppe scellée. Sur un carton, quelques mots manuscrits : «Simple mortel, je ne puis évidemment savoir si vous aimez les roses. J'en formule le souhait. Accepteriez-vous de dîner avec moi ce soir afin que je puisse vous expliquer pourquoi je me suis permis, par bouquets interposés, d'envahir votre maison ? Je vous laisse mon numéro de téléphone. Si vous êtes d'accord, ne m'appelez pas. Et je serai devant votre porte à 19 heures. Aidan.»

Tous deux sont ponctuels. Le visage qu'affiche Ross n'a pas grand-chose de commun avec celui du premier repas. Détendu, souriant, il roule à vive allure vers un endroit isolé au bord de la plage. Il a réservé une table très à l'écart. Jusqu'ici, Jenna a dû se contenter de banalités sur la qualité de l'air, le soleil, le bonheur de vivre dans une région aussi favorisée...

Mais une fois le champagne apporté, le ton d'Aidan Ross change. «Jenna, je vous dois des excuses sincères et des remerciements infinis. Pardon de ne pas avoir cru en vous, en vos dons. Et merci grâce à eux de m'avoir permis de réaliser, n'ayons pas peur des mots, « l'affaire du siècle » ! Les détails vous importent peu, j'imagine...» Elle fait «oui» de la tête. «Non seulement, j'ai vendu comme je le désirais mais de ce fait, je me sens enfin débarrassé d'un fardeau, libre d'entreprendre ce que je désire et de commencer véritablement une nouvelle vie. Je vous en serai éternellement reconnaissant...»

Jenna la joue modeste. «Disons que je vous ai fait gagner un temps précieux. Pour moi, il ne fait aucun doute que vous seriez arrivé à vos fins un jour ou l'autre...» «Comment pourrais-je vous montrer ma gratitude ? Si vous avez une idée, exprimez-la, et je ferai tout ce qui est en mon pouvoir pour la concrétiser !»

«Vous êtes adorable, Aidan, et votre attention me touche. Les roses – magnifiques – suffisent très largement. Je ne veux rien d'autre, ni voyage dans l'espace, ni achat de Big Ben ou de la tour Eiffel !» Ils rient. «Non, je voudrais simplement que vous écoutiez encore quelques mots, comme lors de notre déjeuner. Vous courez depuis bien longtemps après une revanche sur votre passé, votre enfance compliquée avec la séparation de vos parents, votre adolescence difficile avec votre scolarité désastreuse et les moqueries qui l'ont jalonnée... Il est grand temps de convenir que la course est terminée et très largement gagnée. L'opération que vous venez de signer marque cette étape-là, essentielle. Vous allez vous sentir plus léger. Vous allez rester vous-même, en mieux !»

Elle lève son verre : « À vous ! Et, du fond du cœur, bravo !»

Ça y est, elle a de nouveau réussi à le perturber, pas comme la première fois. Mais ses allusions aux années noires comme à ce qu'il ressent aujourd'hui, lui seul aurait pu l'expliquer.

«Vous... Vous êtes hallucinante... À mon tour de vous questionner, "ma sorcière bien-aimée"»...

Elle survole son parcours atypique, ses études parasitées par ses dispositions pour la voyance, distille des anecdotes sans jamais citer le moindre nom, taquine Aidan sur le fait qu'à cause de gens comme lui, elle a échappé de justesse au bûcher... Elle est belle, radieuse, incarne la joie de vivre. À telle enseigne que l'effet du champagne aidant, Ross devient indiscret : « Y aurait-il un homme particulièrement chanceux qui partagerait les jours d'une pythonisse aussi demandée ?» Elle choisit le mode de la plaisanterie : «Il y en a eu, mais pas assez lucides pour réaliser à quelle perle ils auraient pu s'attacher durablement... S'étant rendu compte de leur cruelle erreur, ils doivent encore en pleurer...» Taquin, Ross lance : «Et vous, vous n'aviez rien vu à ce sujet ?» «Eh bien non ! Pour la bonne et simple raison, et aussi paradoxal que cela puisse paraître, que je ne vois jamais rien me concernant ! Ce qui me permet de me tromper. Et de comprendre ainsi encore mieux ceux qui me consultent...»

Il est 2 heures du matin quand Aidan et Jenna se décident à quitter les lieux. Ils marchent au bord de l'océan. «Cela fait une éternité que je n'ai pas été envahi par une telle impression de plénitude, d'harmonie...» dit-il. «Moi, cela fait une éternité que je n'ai pas bu autant de champagne...»

Quelques pas plus tard : «Je vais quitter Mia.» «Je sais...» «Elle l'a deviné ?» «Elle se demande si vous la trompez. Je lui ai répondu que je l'ignorais, ce qui est vrai. En revanche, par la suite, j'ai vu la rupture.» «Je l'ai déjà trompée auparavant. Et elle ne s'est pas gênée pour me rendre la pareille. Actuellement, il n'y pas d'autre femme, j'ai été bien trop obsédé par mes affaires ces derniers mois.» Lorsqu'il dépose Jenna devant chez elle au milieu de la nuit, Ross l'embrasse sur la joue, ce qu'elle ne refuse pas. «Merci...» susurre-t-il.

Le lendemain à midi, il lui téléphone. «Je voudrais un rendez-vous, pas une consultation. Un rendez-vous à l'issue duquel nous serions en état de compter encore très précisément le nombre de verres de champagne que nous aurons avalés...» «Il y a une solution très simple pour obtenir ce genre de rendez-vous : décider d'en bannir le champagne...»

En début de soirée, Aidan et Jenna se retrouvent loin des regards indiscrets. «Je n'ai pas fermé l'œil de la nuit...» avoue-t-il. «Le champagne, évidemment !» ricane-t-elle. «Un peu lui et beaucoup toi !» Subitement, il la tutoie. «Je me dévoile : je suis tombé amoureux de toi comme je ne l'ai jamais été auparavant.»

Elle écoute, visiblement ravie. Il enchaîne. « En ce moment, je n'ai pas envie de réfléchir aux embarras auxquels je serai confronté avec un divorce sur le dos. Je veux seulement savoir si ma déclaration a une chance de te toucher... »

Elle lui effleure la joue. « Moi non plus, je n'ai pas dormi. Le champagne, certes. Mais également la case noire... » « Quelle case noire ? » « Lorsque Mia m'a interrogée à propos de ta fidélité, j'ai vu à côté de toi une case noire... » Brusquement inquiet, Aidan lâche : « Ça porte malheur ? » Elle lui caresse à nouveau la joue. « Non, ne t'inquiète pas. En réalité, à chaque fois que j'ai tenté d'en savoir plus quant à mon propre avenir ou que je suis intervenue d'une façon ou d'une autre dans une histoire dont je ne m'occupais que professionnellement, je suis toujours apparue sous la forme d'une case noire. Je ne devine rien me concernant. Sauf que, pour la première fois, je me suis demandé ce que je pouvais bien fabriquer à côté d'un homme m'étant quasiment inconnu dans une banale querelle conjugale. Cette nuit, j'ai compris et cela a provoqué chez moi une sorte d'euphorie. Car, dès notre premier vrai dialogue, des étincelles ont jailli. Alors, oui, j'attends avec la plus grande fébrilité le feu d'artifice ! »

Ils se sont embrassés longuement et ont finalement commandé du champagne. Les projets de Ross mariant la télévision et l'informatique verraient le jour à Los Angeles. La possibilité pour Jenna de prendre du champ notamment avec une certaine cliente, future divorcée. La perspective de marquer une pause dans sa carrière la ravissait. Ce serait, par exemple, l'occasion de revoir sa déontologie récemment quelque peu mise à mal ainsi que son principe consistant à n'entamer ni flirt ni liaison avec des clients.

Jenna s'accommoda parfaitement de ces petits différends avec elle-même. Après tout, elle entrevoyait pour son amoureux un brillant avenir. Elle ne pouvait donc pas se tromper...

LA MORT RÔDE

Une nuit, peu de temps avant d'être couronnée, Marie de Médicis fait un cauchemar qu'elle partage d'emblée avec son époux, Henri IV, dormant à ses côtés. Elle le réveille et dit : « J'ai rêvé que l'on vous assénait un coup de couteau… »

Le roi la rassure et, assez vite, se rendort. Mais voilà qu'à son tour, il a son sommeil perturbé par une vision : une maison de la rue de la Ferronnerie, à Paris, s'écroule sur lui…

Jean Prieur[4] qui a rapporté ces faits ajoute l'arbre de mai planté chaque année dans la cour du Louvre qui tombe sans raison apparente du côté de la chambre du souverain.

Sully, surintendant des Finances et homme de confiance de longue date d'Henri, lui conseille ardemment de quitter le Louvre.

Il explique à son ami qu'il redoute le sacre tout proche de sa seconde épouse parce qu'on lui a prédit qu'il mourrait dans un carrosse… Et comment donc éviter le carrosse en ces circonstances ? Sully prend les angoisses du roi au sérieux, veut reporter la cérémonie, éviter le carrosse à Henri et lui redit de fuir Paris. Mais Marie de Médicis ne lâche rien et, finalement, le jeudi 13 mai 1610 à Saint-Denis, la fête se déroule sans encombre. L'humeur d'Henri IV demeure par moments maussade. À quelques proches, il dit en montrant son fils, Louis, huit ans, futur Louis XIII : « Messieurs, voici votre roi ! » On lui rétorque qu'il est trop tôt, que lui, Henri, affiche une bonne forme. Mais le Vert Galant – plus si vert que ça d'ailleurs si l'on en croit le témoi-

4 Jean Prieur – *Le surnaturel à travers l'Histoire* – éditions Robert Laffont – 1991

gnage de certaines de ses dernières et très jeunes maîtresses – se laisse-t-il convaincre par ses courtisans ?

Le lendemain, il répète à deux amis qu'il a le pressentiment qu'il va disparaître « un de ces prochains jours ».

Dans le même temps, il annonce à la reine qu'il resterait bien en sa compagnie au Louvre mais que, sachant Sully souffrant, il veut lui rendre visite. Marie tente de la retenir, en vain. Le souverain monte dans son carrosse.

Au coin de la rue de la Ferronnerie, la chaussée étant encombrée, le convoi ralentit. Ravaillac profite du fait que les valets du roi soient occupés par les embarras de circulation. Il s'approche du souverain sans défense, sort un poignard et l'enfonce au-dessus du cœur. Ainsi Henri IV perdait-il la vie comme certains signes avaient pu le laisser prévoir…

À LA MINUTE PRÈS

Bernadette, la gouvernante de Lauren West, ne devrait plus s'étonner des déclarations ou comportements bizarres voire excentriques de sa patronne. Cela fait maintenant plus de dix ans que Bernadette a été embauchée par cette riche Américaine venue s'installer dans la région de Cannes. Elle venait d'y acheter une villa entourée d'un grand jardin et avait un besoin urgent de personnel.

Ce qui tombait bien pour Bernadette qui, en cette année 1947, venait de se marier et cherchait à arrondir les fins de mois de son mari maçon. Lauren West lui posa quelques maigres questions, l'examina de la tête aux pieds puis décréta : « J'ai un sixième sens me permettant de repérer les escrocs ! Chez vous, il n'y a que du bon. Je vous engage ! »

Correctement payée, Bernadette recommanda Nicolas, quarante-cinq ans, un voisin, pour le poste vacant de chauffeur-jardinier. Après même pas trois minutes d'entretien, il fut remballé. Et Lauren expliqua : « Je n'aime pas les barbus. Et même s'il se rasait, ce type aurait toujours un œil qui dit un peu merde à l'autre. Non ? » La question n'attendait pas de réponse. Lauren avait enchaîné : « Vous pouvez trouver mieux. »

Le surlendemain, Roger, un cousin de Bernadette, ni barbu, ni loucheur, se présentait et, en cinq minutes, était accepté. « Vous voyez, quand vous voulez ! lança Lauren à sa toute nouvelle gouvernante. Il est très bien ce Roger, j'ai été rapidement fixée, grâce à son pull-over bleu marine. Chic et discret ! » Le ton était donné. Imprévisible, collectionnant les remarques curieuses, Lauren West revendique un sens de l'intuition sensiblement plus développé que chez la moyenne des gens. Grâce à lui, prétend-elle, Lauren a échappé à deux accidents qui auraient pu lui coûter la vie. Juste avant de prendre un train à New York, elle a eu le pressentiment que le convoi allait dérailler. Ce qui arriva. Une autre fois, c'est dans la voiture d'un ami que Lauren a refusé de monter parce que, dans une sorte de flash, elle avait vu le véhicule quitter brusquement la route et foncer dans un arbre. Le conducteur n'était pas mort mais l'état de l'automobile attestait qu'un passager n'aurait pas survécu au choc... Personne, évidemment, n'aurait été en mesure de vérifier les faits.

Lauren West jure également qu'elle peut à l'occasion entrer en contact avec les défunts de sa famille. « À l'exception de mon mari, précise-t-elle. Parce qu'il m'a suffisamment cassé les oreilles de son vivant; je ne veux plus l'entendre ! »

Léon Guérin, son médecin depuis qu'elle a mis le pied sur la Côte d'Azur, sert d'oreille attentive aux histoires parfois hallucinantes de la veuve fortunée. Bernadette et Roger sont eux aussi les auditeurs de récits bizarres.

Mais ce à quoi la gouvernante a droit comme discours ce 12 novembre 1958 peu après 8 heures dépasse, et de loin, tout ce que Lauren West a pu proférer d'étrange jusqu'alors.

« Bernadette, je vais mourir aujourd'hui. Ce sera à 19h20. Je m'y prépare depuis un certain temps déjà, donc, tout ira bien pour moi. Je voudrais simplement que vous convoquiez mon notaire puis le docteur Guérin. »

Bernadette ne peut dissimuler sa surprise : « Mais, Madame, vous êtes en pleine forme ! Vous n'allez pas rendre le dernier soupir ce soir ! »

Lauren hausse les épaules : « À 19h20, je vous dis. Il ne subsiste aucun doute là-dessus. »

En sortant de la chambre, Bernadette lève les yeux au ciel puis exécute les ordres.

Le notaire n'étant pas disponible, Lauren règle quelques détails avec lui par téléphone. De toute façon, le testament est prêt. Léon Guérin, lui, passe à la villa vers midi et se montre aussi sceptique que Bernadette. Autant que Roger mis au courant à son tour.

Le toubib, très rationnel, ne croit pas un instant ce que sa patiente lui a raconté. « La vieille horloge suisse se trouvant sur la cheminée face à mon lit est irréparable depuis vingt ans. Je la garde parce que j'y suis très attachée. J'ai toujours su qu'il y avait une raison à ce rapport particulier entretenu avec cet objet. J'ai compris cette nuit. Pour la première fois, j'ai rêvé de ce cadran et de son habitacle en bois sculpté. Il était 19h20, heure sur laquelle cet appareil s'est à jamais bloqué. Pourtant, il s'est remis en marche. À 19h21, j'étais étendue dans mon lit, morte… »

« Chère amie, répond Guérin, vous connaissez l'estime que je vous porte. Permettez donc à l'homme de science de contredire ce songe que l'on peut interpréter de diverses manières. D'abord il pouvait être 7h20 du matin… »

« Du tout, réplique Lauren. Les lampes étaient allumées et vous savez que je ne me lève jamais avant 8 heures. » « Soit. Ensuite, comment pouvez-vous assurer que vous ne dormiez pas, tout simplement ? » « Parce que je l'ai ressenti. Profondément… »

Le médecin n'abdique pas. « Vous n'avez qu'un rhume de temps en temps et des petits problèmes dus à votre âge. Rien de grave, jamais ! Et, là, vous me semblez en parfaite santé. »

Très calmement, Lauren West propose : « Revenez à 19h20… »

Le docteur continue sa tournée mais, en fin d'après-midi, effectue un détour par la propriété de sa cliente américaine. Qui s'est mise au lit vers 16 heures et a prévenu qu'elle y passerait les quelques heures lui restant à vivre…

Bernadette et Roger commencent à s'inquiéter. Léon Guérin s'agace de cette situation qu'il juge grotesque. Et décide de rester chez Lauren jusqu'à 19h21, moment où il pourra pavoiser.

Guérin s'installe dans le salon et se plonge dans un dossier tout en buvant un porto.

Bernadette crie peu après 19 heures : « Au secours docteur ! Madame étouffe ! »

Le toubib court du rez-de-chaussée au premier étage, demande de l'eau qu'il tente, en vain, de faire avaler à Lauren. Lauren tousse comme elle le peut, se tord de douleur tandis que Guérin ouvre les fenêtres. Il fait frais mais l'air pur semble apporter un peu de répit à Lauren. Pourtant, quelques minutes plus tard, son visage bleuit. Guérin lui prend le pouls, écoute le cœur... Elle est morte. À 19h20 précises.

Le docteur conclura à une embolie pulmonaire qu'il ne pourra expliquer vu l'état général de sa patiente.

Par la suite, tout comme Bernadette et Roger, il se souviendra des confidences, parfois loufoques, de Lauren, ou de ses affirmations quant à son intuition. Et, pour la première fois, aucun des trois n'aura envie d'en sourire...

LE NOSTRADAMUS DE CHICAGO

Joseph DeLouise voit le jour en 1927 dans un milieu modeste à Gibellina en Sicile. Son grand-père et son père sont aides-soignants. Le premier posséderait un don. On raconte dans la famille que lorsqu'il se montre inspiré, il peut prédire l'avenir... Contrairement à d'autres qui ironisent, le petit DeLouise écoute l'aîné qui, sentant des dispositions chez le très jeune garçon, lui aurait fait bénéficier d'une sorte d'initiation. Légende ou réalité... Dans le même ordre d'idée, on dira bien plus tard qu'à l'âge de cinq ans, Joseph aura son premier « flash » qui impressionnera son grand-papa...

Ayant réalisé quelques économies, la famille DeLouise émigre vers les États-Unis et se pose à Chicago. Joseph ne s'attarde pas sur les bancs de l'école. À l'âge de dix-sept ans, il rejoint la Navy. C'est dans ce cadre-là qu'il va sortir de l'ordinaire. En 1946, il refuse d'obéir à l'un de ses supérieurs qui l'envoie dans une réserve de munitions. « Je n'irai pas car j'y vois un grand danger... » Les ricanements sont de courte durée : une violente explosion a lieu à l'endroit même où Joseph aurait dû se trouver s'il avait exécuté l'ordre... Et y aurait laissé la vie.

Joseph change alors totalement de voie. Marié une première fois – de ses différentes unions, il aura en tout cinq filles –, il s'inscrit dans une école d'esthétique et devient coiffeur. C'est sur ses clientes qu'il teste sa capacité à lire l'avenir. Et sa réputation, transmise par le seul bouche-à-oreille, grandit petit à petit.

On commence à inviter Joseph dans des radios puis des télés de Chicago. Possédant une confiance folle en lui et conscient de sa marge de progression, Joseph veut se perfectionner. Il suit des séances de professionnels allant dans ce sens. Il se met à travailler avec comme support une boule de cristal.

En novembre 1967, au micro d'une station locale, Joseph DeLouise annonce qu'avant la fin de l'année, un pont va s'effondrer aux États-Unis. Vingt et un jours plus tard, le Silver Bridge, établi en Ohio, s'écroule et fait quarante-six victimes… Chaque détail fourni auparavant par DeLouise se vérifie.

À la mi-janvier 1969, Joseph entre dans un bar, s'assied au comptoir, commande une bière et demande les journaux du soir venant d'être livrés. Tout en avalant quelques gorgées, il parcourt la presse et s'exclame : « Tiens, c'est bizarre, on ne parle pas de l'accident de train ! » Le garçon se trouvant en face de lui est forcément interloqué : « Quel accident ? Et quel train ? » Sûr de lui, le client répond : « Deux trains se sont percutés au sud de la ville. C'est l'accident le plus grave que nous ayons connu depuis un quart de siècle. »

Le barman apostrophe d'autres personnes. Aucune n'est au courant. Joseph n'ajoute pas un mot, il vide son verre, paye et s'en va. Le gars qui l'a servi hausse les épaules : « Encore un illuminé qui veut attirer l'attention sur lui ! »

Mais, quelques minutes plus tard, par acquit de conscience, il allume le poste de radio pour les informations de 23 heures. Et il entend ceci : « Deux trains de l'Illinois sont entrés en collision à soixante-dix kilomètres au sud de Chicago. En cause : un épais brouillard. On compte actuellement trois morts et quarante-sept blessés. Il s'agit de la plus importante catastrophe ferroviaire dans la région depuis vingt-cinq ans. »

Depuis 1967, Joseph DeLouise a renoncé à son activité de coiffeur afin de se concentrer sur ce qu'il nomme sa « vocation ». Fidèle à Chicago, il y a ouvert un salon où il reçoit aussi bien des inconnus que des personnalités, celles-ci demeurant souvent discrètes.

Sollicité par la police afin d'apporter ses lumières sur quelques enquêtes, Joseph se prononce notamment sur les membres de la famille Manson après l'assassinat de Sharon Tate. Ou bien encore sur l'accident de Chappaquiddick, autrement dit la mort de Mary Jo Kopechne, âgée de vingt-huit ans, survenue au retour d'une soirée dans une voiture conduite par Ted Kennedy, alors sénateur.

Celui que l'on surnommait « le Nostradamus de Chicago » s'en est allé le 7 novembre 2006. On ignore s'il avait prévu la date...

EN DUO AVEC L'ARCHANGE GABRIEL

En ce mois d'avril 1860, à Paris, on observe une activité inhabituelle autour du numéro 40 de la rue du Paradis. Dans un appartement de taille modeste, habitent M. et Mme Couédon ainsi que leur fille, Henriette, âgée de vingt-quatre ans. Et c'est cette dernière qui suscite autant d'allers et venues. Car de plus en plus de gens veulent absolument la rencontrer. Et, afin d'obtenir satisfaction, sont prêts à attendre parfois pendant des heures. On fait la file dans l'immeuble aussi bien que sur le trottoir. « Mais cela en vaut la peine », souligne plus d'un visiteur. C'est que cette demoiselle Couédon, charmante et serviable, répond gratuitement à toutes les questions concernant l'avenir. Ou, plus exactement, se fait-elle l'interprète de... l'archange Gabriel ! Par la voie d'Henriette, ce dernier se prononce sur à peu près tous les sujets.

D'après ce que certains proches de la famille Couédon racontent, Henriette a pris conscience de son don en fréquentant une voyante, une certaine Mme O. Depuis, le bouche-à-oreille fonctionnant plutôt bien, le salon aménagé des Couédon ne désemplit pas. Mais attention : se croyant investie d'une mission quasi divine, Henriette ne fait jamais payer. Même ceux qui, spontanément, lui tendent un peu d'argent, tellement éblouis par leur dialogue avec l'archange, se voient obligés de garder leurs billets pour eux.

Les séances se suivent et se ressemblent. Henriette s'installe dans un fauteuil, pose fermement ses avant-bras sur les accoudoirs, ferme les yeux, se concentre et, dit-on, entre en transe. C'est alors que la voyante parle de façon inhabituelle puisqu'elle prête sa voix à l'archange. D'après les témoignages recueillis à l'époque, les conversations vont dans tous les sens : les maladies à venir, les problèmes d'argent, de cœur, les conflits de voisinage... L'archange envoie tout de même balader une dame demandant si elle va retrouver sa perruche s'étant mystérieusement envolée...

La presse autant que les célébrités s'intéressent à Henriette Couédon, d'autant plus depuis qu'elle a prédit qu'un roi prénommé Henri V s'installerait bientôt sur le trône de France (ce en quoi, comme on sait, elle se trompait).

Le prince Henri d'Orléans accourt au numéro 40 de la rue du Paradis : « Serait-ce moi le prochain roi ? » L'archange se montre catégorique et répond en trois mots : « Pas du tout ! »

Un Naundorff suit et pose la même question pour, Henri de Bourbon. Et là, l'archange se fend de quelques vers :

« Je ne vois pas monter
Sur un trône doré
Ton frère bien-aimé.
La couronne enviée
Lui passera sous le nez. »[5]

Gabriel peut donc aussi se montrer gaiement inspiré. À noter que s'il tutoie systématiquement chacun de ses interlocuteurs, selon Henriette, il convient de s'adresser à lui en le vouvoyant...

Faisant preuve d'une polyvalence frôlant la perfection, Gabriel saute d'un registre à l'autre avec une aisance impressionnante. Il explique gravement :

---

5 Reproduit par Louis Pauwels et Guy Breton dans *Histoires magiques de l'Histoire de France* – tome 1 – éditions Albin Michel – 1977

« La terre va trembler,
Ce n'est pas éloigné,
Le Vésuve va monter,
Puis un autre à côté ;
Des volcans vont sauter,
J'en vois comme enterrés. »
Et, dans la foulée, assure plus légèrement :
« Dans une maison élevée
Remplie de gens aisés,
Une fillette âgée
De moins de douze années
N'aura plus mal aux pieds. »[6]

Certaines personnes pouvant vérifier les prédictions sont évidemment aux anges. Cohérent pour les dires d'un archange...

L'écrivain Émile Zola, le jeune romancier et auteur dramatique Jules Claretie ou encore le polémiste et homme politique notoirement antisémite Édouard Drumont, s'intéressent au phénomène qui, comme tous ceux relevant de la mode, connaît un déclin. Surtout après que Zola se fut exclamé : « Qu'on nous laisse tranquilles avec ces bêtises. Les prétendus phénomènes de voyance ne sont qu'attrape-nigauds, tout juste bons à impressionner quelques bigotes illettrées. »

Le temps s'écoule et l'activité d'Henriette Couédon s'est considérablement réduite. Un soir de mai 1896, la comtesse de Maillé a l'idée de convier Henriette au milieu d'un parterre d'aristocrates français. Plus inspirée que jamais, la demoiselle Couédon, toujours en duo avec l'archange Gabriel, annonce :

« Près des Champs-Élysées
Je vois un endroit pas élevé
Qui n'est pas pour la pitié,

6 Déjà cité

Mais qui en est approché
Dans un bruit de charité
Qui n'est pas la vérité.
Je vois le feu s'élever
Et des gens hurler,
Des chairs grillées,
Des corps calcinés,
J'en vois comme par pelletées.»

Une année s'écoule. Le 4 mai 1897, le Bazar de la Charité, situé 19, rue Jean-Goujon, non loin, donc, des Champs-Élysées, est brusquement envahi par les flammes dont resteront prisonnières cent-trente-six victimes...

UN APPEL AU SECOURS

Depuis deux ans qu'elle est veuve, Nicole Vigerant passe beaucoup de temps à se plaindre. Et à regretter le temps d'avant, celui du bonheur dont, si l'on en croit ses proches, elle n'a pas nécessairement pleinement profité. Car même lorsque Georges, son époux, vivait à ses côtés, Nicole ne parvenait jamais à jouir du moment présent. Et arrivait parfois à gâcher celui de son compagnon, bien différent d'elle.

Au moment du décès, Nicole, soixante-douze ans, a toujours bon pied bon œil. De tous temps, elle a joui d'une santé de fer, d'ailleurs. Et a servi d'infirmière à Georges, de dix ans son aîné, les derniers mois de sa vie. Ce qui n'a pas constitué un cadeau pour le malheureux qui, déjà malade, a dû subir les remarques acerbes d'une femme qui ne supportait pas de voir son compagnon diminué.

On aura compris que Nicole Vigerant n'a pas un caractère en or. Savourant l'existence très confortable que les affaires immobilières de Georges lui ont offerte, elle n'a jamais travaillé. Et l'idée ne lui a d'ailleurs jamais effleuré l'esprit. Quand Georges lui suggérait qu'elle pourrait s'investir dans le bénévolat, elle lui riait au nez. « Aider les autres ? Mais pourquoi ? Que font-ils pour moi ? »

Une sorte d'incarnation de l'égoïsme. Fille unique, elle avait été choyée par des parents l'ayant placée sur un piédestal que, coup de chance pour elle, le temps n'avait jamais contribué à faire vaciller.

Voulant répéter le schéma familial qui lui avait si bien réussi, avant de l'épouser, Nicole avait prévenu Georges qu'elle ne voulait pas plus d'un enfant. Mais voilà : Nicole n'était pas Nadine, sa mère qui lui avait tout donné et qui, pour elle, avait consenti à mille sacrifices. Autant Nadine se montrait généreuse, autant sa fille demeurait pingre. Essentiellement au niveau des sentiments. La naissance de Simon a certes été une joie mais, assez vite, Nicole s'est rendu compte qu'elle ne possédait pas la fibre maternelle. Les cris, les pleurs, les rougeurs, les couches, les nuits agitées, les repas écourtés, ce n'était pas pour elle.

Son mari disposant de quelques moyens et le couple vivant dans un vaste appartement du VIIIe arrondissement de Paris, Nicole a engagé une nounou à demeure. Qui croisait la gouvernante exclusivement chargée des besoins du couple. Et surtout de ceux de Madame.

Ainsi Simon a-t-il grandi au sein d'un couple en apparence uni et heureux. Dans les faits, Georges travaillait beaucoup en dehors de son domicile et, d'après ce que certaines mauvaises langues racontaient, pouvait à l'occasion faire passer des parties de jambes en l'air pour des conseils d'administration cruciaux.

Nicole croyait-elle Georges parfaitement fidèle ? Sans doute pas. Mais elle s'en moquait un peu. Le sexe ne l'attirait que modérément. Alors, le fait que Georges, davantage porté sur la chose, s'amuse un peu ailleurs, ne devait pas la déranger fondamentalement. Cette situation lui évitait même de jurer trop souvent à sa moitié : « J'ai la migraine, pas ce soir ! »

Mondaine, Nicole sortait beaucoup, adorait l'opéra et le théâtre et, en ces années 70, ne détestait pas les artistes à la mode passant à l'Olympia. Pour se justifier auprès de ses amies ne jurant que par Verdi ou Wagner, elle ricanait : « C'est un peu idiot ou parfois même parfaitement crétin ce qu'ils chantent mais les mélodies ne sont pas désagréables… »

Au milieu de parents courants d'air, le jeune Simon tentait de tracer son chemin. Son père s'intéressait à ses études, mais de loin. Quant à sa mère, elle lui offrait tous les cours particuliers dont il avait besoin « car il n'est pas question que je me replonge dans toutes ces matières barbares qui ne m'ont jamais servi à rien ! » Au rayon « mères encourageantes », on pouvait facilement trouver mieux.

Trop occupée d'elle-même, Nicole regardait Simon grandir comme on suit la croissance d'un tilleul ou d'un marronnier dans un parc. L'adolescent puis le jeune homme avait fière allure et sa maman en éprouvait de la fierté. Le fait que, sur les conseils de son père, il ait suivi et réussi des études de droit la ravissait. Il ferait un bon avocat. Mais contrairement à ce que Nicole avait prévu, l'amour avait changé quelques plans. Simon avait rencontré une jolie Françoise venue de Bordeaux et avait décidé de se marier et d'ouvrir son cabinet là-bas.

« Quel ingrat tu fais ! » avait-elle osé lancé à Simon. « Quand je serai vieille, tu habiteras loin de Paris et tu ne veilleras pas sur moi ! » Et oui, une fois encore il n'était question que d'elle. Et Nicole avait profité de l'occasion pour maudire Françoise, autre future avocate, qui lui avait « volé son fils » !

Deux enfants, Valentine et Hugo, avaient consolidé les attaches bordelaises de Simon n'ayant par ailleurs pas tardé à se faire une jolie place dans le milieu des avocats de sa ville d'adoption, et ce, associé à son épouse.

Le jour de l'enterrement de Georges, Nicole a pris Françoise à part. « Nous n'avons pas toujours entretenu les meilleurs rapports, j'en conviens et si je vous ai blessée, je vous en demande pardon. Aujourd'hui, j'ai besoin de vous pour faire revenir Simon à Paris. Sans lui, sans vous et mes petits-enfants, je serai perdue... »

Françoise n'est pas restée insensible à la détresse qu'elle sentait sincère chez sa belle-mère. Mais c'est Simon qui, in fine, a choisi de demeurer inflexible. « Elle nous manipule. Ça, elle sait faire ! Papa parti, elle n'a plus personne à enquiquiner. Par ordre de succession, nous voici en première ligne ! Mais, non, je ne tomberai pas dans ce piège ! »

Seule dans son grand appartement, Nicole Vigerant accuse un sacré coup de vieux. Elle à qui on avait toujours donné moins que son âge a pris dix ans depuis la mort de Georges. Quand on l'aperçoit à l'opéra Garnier, son endroit préféré, elle ne domine plus par cette taille et cette ligne de mannequin, même senior, qui suscitait l'admiration. Légèrement voûtée, Nicole grossit. Et ne sourit plus à tout qui la croise.

En fait, Nicole décline et broie du noir. Sa situation préoccupante n'échappe pas à Alaïs, sa voisine du dessus, avec qui elle partage de temps en temps le thé.

Alaïs a à peu près le même âge qu'elle et a bien gagné sa vie grâce à ses dons de voyante qu'elle a discrètement exploités dans un milieu huppé où les esprits ne sont pas nécessairement très ouverts.

D'ailleurs, Nicole n'était pas la dernière à se moquer d'elle. Quand elle sonnait chez Alaïs, elle demandait : « La chouette est sortie aujourd'hui ? » Ou bien : « Je vous ai aperçue l'autre jour au coin de la rue. Vous ne voyagez plus sur votre balai ? »

Alaïs riait car elle était peut-être la seule à percevoir que Nicole jouait. Elle jouait le personnage d'une femme snob, antipathique, voire odieuse, égocentrique mais ne manquant pas d'esprit. Vache, forcément. Comme disait Jacques Chazot, un bon mot n'est jamais gentil.

Nicole ne consultait pas Alaïs. Elle l'écoutait relater les derniers potins dont elle était friande. Côtoyant beaucoup de monde sans trahir ses clients, elle avait toujours en réserve une foule d'anecdotes dont Nicole se délectait. À plus d'une reprise, Alaïs avait amicalement proposé à Nicole : « Si vous aviez besoin de mes services, je vous les offrirais bien volontiers. » Nicole avait décliné, très poliment, et peut-être à regret car, plus le temps filait, et plus brûlait-elle sans doute d'envie de savoir.

Le 25 mai 2002, n'ayant plus de nouvelles de Nicole depuis plusieurs semaines, Alaïs va sonner chez elle. Ravie de la voir, la maîtresse des lieux, l'invite à s'asseoir et lui offre du thé avec quelques gâteaux. Chemin faisant, Nicole l'admet : « Aujourd'hui, si je ne vous dérange pas, j'aimerais que vous me disiez comment vous entrevoyez mon avenir… »

Alaïs regarde fixement sa voisine. Et choisit prudemment chacun des mots qu'elle prononce. « Vous êtes fatiguée, dépressive même. Vous avez perdu votre joie de vivre. Seul le cercle familial peut vous apporter le bien-être qui vous manque tant… »

D'habitude si fière et orgueilleuse, Nicole baisse la garde et laisse couler quelques larmes : « Vous avez tout compris… »

Le jour même, Alaïs téléphone à Simon. « Votre maman va mal, très mal. Elle a besoin de vous. » « Je la reconnais bien là. Elle vous envoie n'étant pas fichue de me l'avouer elle-même ! » Alaïs coupe sèchement la conversation : « Non, l'initiative me revient. » « Eh bien, rétorque Simon, nous serons à Paris pour Noël, comme d'habitude. » « Nous sommes le 25 mai ! Il lui faut encore attendre exactement sept mois ! » « « Disons que nous pourrions trouver deux jours en août, mais pas avant… »

Alaïs rend visite très souvent à Nicole. « Simon va venir mais il ne peut laisser ses affaires en plan du jour au lendemain… » Nicole ne répond rien, comme si cette information ne la concernait plus.

Ce jour-là, Alaïs ressort de chez Nicole effrayée. Elle plonge sur son téléphone et prévient Simon : « Il faut que vous sautiez dans le premier avion ou le premier train, et que je puisse le lui annoncer tout de suite ! Je la vois commettre un acte irréparable… » « Ah, oui, j'avais oublié vos sacrées visions dont, entre parenthèses, ma mère se moquait bien autrefois… » « Je me contrefiche du passé, jeune homme ! crie Alaïs. À la minute où je vous parle, votre mère se trouve au bord du gouffre, elle a déjà un pied dans le vide et tout ce que vous trouvez à faire, c'est de l'humour à deux balles ! » Et, furieuse, elle raccroche.

Le lendemain dans la soirée, Nicole Vigerant avale une forte dose de barbituriques mélangée à de l'alcool. Alaïs, s'inquiétant de son silence, a fait forcer la porte. Et a découvert le corps. Sur le petit secrétaire où elle écrivait son courrier, une lettre fermée adressée à Alaïs.

« Merci de tout cœur pour avoir été la seule à m'écouter et comprendre mon désespoir. J'aurais dû vous consulter plus tôt... Adieu. »

Le jour des obsèques, Simon n'a même pas tendu la main à Alaïs et, à aucun moment, n'a montré le moindre signe de tristesse. Plus tard peut-être comprendrait-il, comme sa mère, à quel point il s'était lourdement trompé.

LA CHAMBRE 502

Ann Hobbes n'a jamais eu une très bonne santé. Elle ne compte plus les bobos et les maladies qu'elle a pu collectionner et ce, depuis l'enfance. Avec l'âge, la situation ne s'arrange guère. Ne manquant pas d'humour, Ann, soixante-huit ans, dit que si elle avait gardé tous les médicaments qu'on lui a prescrits, elle pourrait ouvrir la plus grande pharmacie de sa ville, Dallas, où elle a toujours vécu.

Autrefois institutrice, Ann Hobbes a dû régulièrement interrompre l'année scolaire afin de pouvoir se soigner. Mais comme elle aimait son métier, elle était animée d'une terrible volonté et finissait par retrouver les enfants à qui elle adorait apprendre mille et une choses.

Ann était d'ailleurs appréciée de ses élèves autant que de leurs parents. Et à chaque fois qu'elle se voyait contrainte et forcée de s'éloigner provisoirement de l'école, elle recevait des petits mots d'encouragement quelquefois accompagnés de fleurs ou de sucreries… même quand elle était soignée pour le diabète.

En 1966, cette enseignante passionnée ne travaille plus. Veuve, Ann passe l'essentiel de son temps chez elle, dans un appartement confortable. Elle lit énormément, y compris dans les salles d'attente qu'elle fréquente assidûment.

En ce début d'automne, Ann Hobbes est prise de violentes douleurs au ventre. Et, malheureusement, son toubib habituel est absent pour raisons familiales. Impossible de le joindre pendant quinze jours. Et Ann ne peut pas patienter. Alors, sur le conseil d'une voisine, elle va voir le docteur R., spécialiste en médecine interne, qui la reçoit rapidement. Il l'examine et décrète : « Votre intestin est gravement obstrué, il faut opérer d'urgence. »

Ann a beau avoir une – hélas ! – grande expérience du milieu médical, elle s'inquiète d'un tel discours. Et suit évidemment à la lettre les recommandations du docteur R. qui lui fournit les coordonnées de la clinique où il travaille et où elle sera inscrite dès son appel.

Une fois hospitalisée, Ann Hobbes subit plusieurs tests et examens. La date de l'opération a été fixée au 29 octobre. Le 27 aux alentours de 21 heures, Ann Hobbes se sent particulièrement fatiguée. Dans la chambre 502 où elle a été installée, il fait noir. Seule une petite lampe éclaire une partie du lit où elle s'apprête à s'endormir.

Il doit être un peu plus de 1 heure du matin quand Ann se réveille dans une sorte de brouillard dû à la fois aux médicaments qu'elle a absorbés et à un manque de sommeil.

Ann Hobbes ne se trouve évidemment pas dans son état normal quand elle entend une voix un peu rauque lui dire : « Vous craignez votre opération et vous avez raison. Moi je ne me suis pas méfiée et je suis morte... »

Ann ne sursaute même pas. Comme si elle vivait une scène on ne peut plus naturelle, elle demande : « Que vous est-il arrivé exactement ? » L'autre répond : « Une amie, totalement aveuglée par le charisme du docteur R., me l'a recommandé. J'avais un problème aux intestins. Il m'a envoyée sur le billard. J'en suis ressortie les deux pieds devant... La prochaine sur la liste, c'est sans doute vous... »

La perspective d'une mort prochaine donne une sorte de coup de fouet à Ann. « Comment vous appelez-vous ? » interroge-t-elle. « Rebecca Davies. Je suis décédée il y a quinze jours... »

Là, Ann réalise à peu près qu'elle assiste à quelque chose d'impossible ! À moins qu'elle ne dorme encore et soit plongée dans un horrible cauchemar. Avec certaines difficultés, elle parvient à sortir de son lit et à allumer une lumière plus forte. Mais lorsqu'elle regarde le lit à côté du sien, elle ne voit plus personne.

Elle s'assied dans le fauteuil disposé à côté d'une table basse et tente de se calmer car elle constate que son rythme cardiaque s'est accéléré.

Comme elle sent bien que le sommeil ne risque pas de revenir rapidement, Ann ouvre la porte, erre un peu dans les couloirs déserts puis finit par repérer un petit bureau où une infirmière prénommée Jane prend des notes.

« Est-ce que je peux vous déranger ? » demande Ann. L'autre fait signe « oui » de la tête mais ne relève pas le nez de ses papiers. « Voilà... Je viens de parler avec une femme d'un certain âge qui m'a dit de me méfier du docteur R.... »

La dame en blanc regarde enfin Ann. Elle semble agacée. « Qui est-ce ? » « Elle s'appelle Rebecca Davies. »

Jane lève les yeux au ciel. « Rebecca Davies est décédée voici deux semaines... » « Justement... » insiste Ann. « Justement quoi ? » s'énerve Jane. « Justement : elle affirme que c'est à cause du docteur R... »

Jane éclate d'un rire mauvais. « Vous délirez. Retournez vous coucher. Réalisez-vous que vous me faites perdre mon temps avec des sornettes ? Mme Davies est morte et, brusquement, elle vient tailler une bavette pour vous mettre en garde contre l'un de nos meilleurs médecins ? » Ann bredouille. « Mais... Je... Je ne suis pas folle ! »

La mimique de son interlocutrice en dit long sur son opinion. « Bonne nuit ! » coupe-t-elle sèchement.

Le lendemain, à l'heure du petit déjeuner, Ann, qui s'est offert une nuit blanche, reçoit la visite d'Angela, infirmière d'un tout autre genre. « Je ne suis pas censée vous parler de ça mais Jane m'a raconté votre conversation de la nuit dernière. Elle vous prend pour une dingue et a d'ailleurs rédigé un rapport dans ce sens. Moi, je crois aux signes venus de l'au-delà. Vous avez le droit de quitter la clinique. Prétextez n'importe quoi ! » Elle hésite puis poursuit. « C'est dans cette même chambre 502 que Rebecca Davies – elle occupait le lit voisin du vôtre – est morte des suites de son opération. Et il se murmure que le docteur R. n'y est pas étranger. À soixante-douze ans, il bâcle parfois ses diagnostics et se trompe… » Avant de s'éclipser, Angela insiste : « Je ne vous ai évidemment rien dit… »

Ann Hobbes a bouclé sa valisette et a expliqué que ses maux avaient subitement disparu ! Prévenu, le docteur R. lui a juré qu'elle était complètement inconsciente et qu'il déclinait toute responsabilité par rapport à ce qui surviendrait une fois qu'Ann aurait franchi les portes de l'établissement.

La miraculée a consulté un second spécialiste qui s'est étonné de l'empressement de son confrère. Ann Hobbes avait simplement souffert d'une crise aiguë d'aérophagie… Elle ne put évidemment s'empêcher de confier à quelques amies comment elle avait échappé à un drame. Mais, avant cela, elle tint d'abord à aller déposer des fleurs sur la tombe de Rebecca Davies…

DES ROIS DANS UN MIROIR

Il existe à propos de Cosimo Ruggieri (dont le prénom varie de Côme à Cosme) de nombreuses histoires relevant vraisemblablement de la pure légende. Astrologue et devin italien amené en France par Catherine de Médicis, celle-ci avait régulièrement recours à ce qu'elle considérait comme sa « science ». L'épisode le plus extravagant, ou le plus impressionnant selon le crédit qu'on lui porte, a pour cadre le château de Chaumont-sur-Loire à la fin de l'année 1559. Catherine de Médicis a perdu son époux, Henri II, dans un tournoi l'été précédent.

François II, quinze ans, faible physiquement et mentalement, est monté sur le trône dans la précipitation. L'avenir de sa famille inquiète Catherine. Qui ordonne à Ruggieri de lui organiser une séance des plus détaillées à ce sujet.

Pendant plusieurs jours, le voyant prépare son travail. Dans une tour du domaine, il a installé un immense miroir dans lequel, promet-il, la reine va voir défiler des personnages qui, devant elle, vont tourner sur eux-mêmes. Les tours ainsi effectués correspondent à la durée des règnes de chacun.

Catherine reconnaît d'emblée François qui ne fait que passer. Vient ensuite un autre de ses fils, Charles, mais plus âgé qu'en 1559 (il a seulement neuf ans). Il tourne neuf fois. Henri (huit ans) surgit, à l'âge adulte lui aussi et tourne quatorze fois. À la quinzième, il fait une horrible grimace et se tient le ventre.

Puis, contre toute attente, voici un homme que Catherine de Médicis finit par identifier comme... Henri de Bourbon !

Il tourne, lui, plus de vingt fois. Au grand dam de la veuve d'Henri II, le futur Henri IV sera roi vingt ans et neuf mois...

Chronologiquement, François II décédera un an plus tard. Charles IX gardera la couronne quatorze ans. Henri III la conservera quinze ans avant d'être assassiné d'un coup de poignard par le moine Jacques Clément. Son frère cadet et héritier, François de France, duc d'Anjou, est mort cinq ans plus tôt. Henri de Bourbon entre alors en scène...

Catherine de Médicis, rapporte-t-on, est anéantie par les visions que Ruggieri avait partagées avec elle. Désormais, elle sait notamment que son dernier fils ne sera jamais roi.

Elle qui n'était pas à un meurtre près, aurait sérieusement envisagé de faire supprimer Henri de Bourbon. Le considérant comme un danger potentiel pour l'avenir des siens, Catherine de Médicis, elle aussi, voyait juste...

Évidemment superstitieuse, cette femme redoutable est à l'affût des moindres signes et paroles de ses astrologues. Apprenant, sans doute de la bouche du même Ruggieri, qu'elle mourrait «près de Saint-Germain», la reine décide qu'elle ne mettra plus jamais les pieds ni à Saint-Germain-en-Laye ni à l'abbaye de Saint-Germain-des-Prés.

Par la suite, elle s'avise que l'église Saint-Germain-l'Auxerrois se trouve à proximité des Tuileries, endroit qu'elle déserte aussitôt...

Bien plus tard, dans les premiers jours de 1589, à Blois, Catherine de Médicis, âgée de soixante-neuf ans, ne se sent pas bien et demande à son fils, Henri III, de lui dépêcher un prêtre. Elle se confesse longuement puis interroge l'ecclésiastique: «Comment vous appelez-vous?» «Julien de Saint-Germain, Majesté» répond-il.

Quelques heures plus tard, Catherine de Médicis rendait le dernier soupir.

UNE MAISON AU CALME

C'est le début de l'été en cette année 1948. Poppy Walsh, dix ans, s'en réjouit car ses parents, Oliver et Ann, lui ont récemment annoncé avoir trouvé une villa à la campagne le temps des vacances. Il fait tellement chaud à Londres qu'un bol d'air dans la nature fera le plus grand bien à la famille.

Trop occupés jusqu'au 15 juillet, les Walsh ont dû décaler leur départ. Mais afin de ne pas pénaliser leur enfant unique, ils ont décidé que Frances, la gouvernante, partirait en sa compagnie dès le 1er juillet.

À cinquante kilomètres de la capitale, Oliver a repéré un endroit qu'il juge idyllique : une maison un rien isolée à l'entrée d'un village. Repos complet assuré.

Depuis quelques jours déjà, Poppy ne parle que de ce grand voyage. À son âge et à cette époque, parcourir cinquante kilomètres peut ressembler à un véritable périple comme ceux qu'elle découvre dans les livres. Même si ces derniers la mènent parfois bien loin des frontières de son pays natal.

Frances, cinquante-quatre ans, veuve, n'a pas d'enfants et se montre entièrement dévouée aux Walsh. Elle ne cache pas non plus son impatience. D'autant qu'elle s'entend merveilleusement bien avec Poppy qu'elle a vue naître et dont elle s'occupe comme une seconde maman.

Robert, ami d'Oliver et Ann, et par ailleurs propriétaire de la maison de campagne, va conduire en voiture Poppy et Frances.

Le 1er juillet, Poppy se réveille à l'aube et un rêve la perturbe. Frances étant en train de préparer le breakfast, Poppy se précipite vers elle et lui explique son trouble. « Un monsieur grand et fort portant un chapeau haut-de-forme et un habit marchait sur une route et me faisait de grands signes. Je m'approchais de lui et sans me laisser le temps de poser la moindre question, il me disait, très autoritaire : "Tu dois me suivre !" Et il l'a répété trois ou quatre fois. »

Frances rassure Poppy : « Tu sais, les rêves sont bizarres, on ne sait jamais ce qu'ils signifient. Il ne faut plus y penser ! »

Mais Poppy ne suit pas le conseil. Et continue : « Ce monsieur était bizarre. Il me faisait un peu peur parce qu'il criait mais quand je le regardais, je lui trouvais un regard doux et plein de gentillesse... » « Donc, ce n'était pas un cauchemar ? » interroge Frances. La petite est indécise : « Oui et non... »

Absorbées par les derniers préparatifs des vacances, Poppy et Frances parlent de bien d'autres choses. Idem sur la route où la jeunette s'émerveille des beautés de la nature que, elle fille de la ville, contemple rarement.

Dans l'après-midi de ce 1er juillet, Joe, le jardinier et homme à tout faire de la maison, accueille le trio londonien. Poppy court partout, essentiellement dans le jardin où elle imagine bien tous les jeux auxquels elle va pouvoir se livrer.

De son côté, Frances remercie le Ciel d'avoir provisoirement un peu moins de travail.

Le 6 juillet, dans la matinée, Poppy regarde machinalement par la fenêtre donnant sur la petite route. Et qui voit-elle ? Un homme, grand et fort qui, malgré la chaleur et l'heure, porte un chapeau haut-de-forme et un habit !

« Frances ! Frances ! » Poppy traverse le living en courant et, dans la cuisine où elle prépare le lunch, tire la gouvernante par la manche. « Viens vite, le monsieur, il est là ! » « Mais... Mais... Quel monsieur ? » bredouille la brave dame qui avant d'avoir obtenu une réponse se retrouve collée contre la vitre. « C'est lui que j'ai vu dans mon rêve ! »

À peine a-t-elle achevé sa phrase que l'étranger lui fait un grand signe l'invitant à venir le voir.

Frances a un instant d'hésitation : « Restons prudentes, Poppy ! » Mais la fillette n'écoute pas. Et Frances suit. Le temps qu'elles traversent le long couloir menant à la porte puis qu'elles arrivent au bout du sentier du jardin conduisant à la route, l'homme s'est un peu éloigné. « Eh, Monsieur ! » crie Poppy.

Au même instant, une forte déflagration retentit derrière elle. Frances se jette sur Poppy afin de la protéger et la pousse au plus loin qu'elle le peut.

Terrifiées, les deux pensionnaires regardent la villa dont le rez-de-chaussée ressemble à un champ de ruines.

Poppy a éclaté en sanglots et s'est blottie en tremblant contre Frances qui, elle aussi bouleversée, tente de reprendre le dessus. « Tu n'as rien ? Tu n'as mal nulle part ? » La petite fait « non » de la tête. « C'est un véritable miracle que nous soyons saines et sauves… Merci, mon Dieu… » murmure Frances qui se signe deux fois.

L'accident a fait grand bruit, au propre comme au figuré. L'installation électrique que Robert savait pourtant défaillante a été rapidement identifiée comme étant à l'origine de la catastrophe.

En revanche, la personne grâce à laquelle Poppy et Frances ont échappé au pire n'a jamais été retrouvée. Personne dans le village n'a jamais vu un homme correspondant à la description qui en a été fournie par les deux survivantes. Poppy, plutôt douée pour le dessin, a même donné un portrait – « très ressemblant » a jugé Frances – à la police. En vain.

Et, a fortiori, le fait que cet envoyé de la providence soit apparu dans un rêve, prémonitoire, donc, de Poppy est évidemment demeuré sans la moindre explication.

LE 27 MAI 1970[7]

Dans son quartier, à Bregenz, en Autriche, Manfred Kolher incarne une institution. Chapelier comme son père et son grand-père, il sait qu'il sera le dernier de sa famille à exercer ce métier-là car il n'a ni enfant, ni neveu, ni cousin prêt à prendre sa suite.

Au début de l'été de 1952, Manfred Kolher est âgé de cinquante-cinq ans. Comme il travaille beaucoup et qu'il lui arrive de subir de gros coups de fatigue, il prend rendez-vous chez son médecin traitant, le docteur Rodolphe Huber, qui l'examine attentivement puis le rassure : « Rien d'inquiétant ! Vous devriez vous accorder un peu de repos, laisser votre boutique à votre vendeur quelques jours et changer d'air ! Cela vous procurera le plus grand bien ! Sinon, tout va bien. »

En reboutonnant sa chemise, Manfred Kolher précise : « Oh, vous savez, docteur, je ne me tracasse pas outre mesure. Je sais que je ne vais pas m'en aller tout de suite ! » « Vous êtes trop jeune pour cela ! » enchaîne le toubib. « Oui et, en plus, comme je connais la date de ma mort, je sais qu'il me reste de beaux jours devant moi. »

Rodolphe Huber, deux ans de moins que son patient, fronce les sourcils : « Que voulez-vous dire ? » « Oui, je sais que je disparaîtrai le 27 mai 1970. Cela fait un moment déjà que je suis parfaitement au courant. »

Le docteur Huber, qui a vu défiler beaucoup de gens et parfois des plus originaux dans son cabinet, n'a encore jamais

7 La base de ce récit s'inspire d'une histoire exhumée par Pierre Bellemare et Jean-Marc Épinoux dans *Voyages au bord de l'impossible - 4* - PBRK - 2007

entendu quelqu'un tenir pareil discours et, surtout, avec un tel aplomb car Kolher répète : « Le 27 mai 1970 ! Retenez cette date ! Elle m'est clairement apparue. » « Où ça ? » « Dans un rêve ou un cauchemar, comme vous voudrez, que je fais régulièrement. Je marche dans la rue en lisant mon journal habituel. J'en vois la première page sur laquelle est imprimée cette date : 27 mai 1970. Je me trouve dans une rue en pente. Brusquement, je vois un poids lourd dont le chauffeur dévale la rue et me fauche violemment. Je suis mort sur le coup ! »

Huber lève les yeux au ciel : « Mais enfin ! Cela ne signifie absolument pas que ces images annoncent votre décès ! » « Si, si, j'en ai acquis la certitude. Pour moi, cela ne se discute pas. »

Le scientifique ne veut pas que la conversation s'achève par des divagations : « Moi, je suis certain que vous survivrez à ce 27 mai 1970. Alors, je vais parier que ce jour-là, vous serez en pleine forme et que je vous verserai la somme de cinquante marks que nous dépenserons ensemble au restaurant ! »

Manfred Kolher n'insiste plus et salue son médecin. Les deux hommes se revoient de loin en loin. Le premier étant en forme, il n'a guère de raisons de consulter régulièrement le second. Il lui rend une petite visite pour un mal de dos ou un gros rhume, des billevesées. Le temps passe. Dix-huit ans exactement depuis la curieuse révélation faite par Kolher à Huber.

Le 27 mai 1970, peu après 9h30, des voisins constatent avec stupeur que Manfred Kolher n'a pas levé le volet de son magasin alors que, maniaque de l'exactitude, il se manifeste toujours à 9 heures précises. Son vendeur a beau taper sur le volet et sonner à la porte, personne ne lui répond.

Appelé d'urgence, Rodolphe Huber, qui habite deux rues plus loin, pénètre de force dans l'appartement, situé au-dessus de la boutique, et trouve Manfred Kolher dans son lit. Mort.

Un examen approfondi permet de comprendre que le malheureux chapelier est décédé d'une rupture d'anévrisme.

Le lendemain, le docteur constate que, le 26 mai, Kolher a effectué sur son compte bancaire un virement de cinquante marks avec en communication : « Pour notre pari. » Autant dire que le bénéficiaire se montre perturbé par ce qui arrive. D'autant que l'histoire s'est mise à circuler et que, le jour des funérailles, dans le cortège accompagnant Manfred Kolher à sa dernière demeure, on chuchote. C'est d'ailleurs le cas de Rodolphe Huber qui, au côté d'un vieil ami, Ulrike Eder, rumine les récents événements. Et finit par souligner : « Il ne faut voir dans cette triste affaire qu'une coïncidence. D'ailleurs, le rêve n'a pas grand chose à voir avec la réalité. Certes, Kolher a rendu le dernier soupir ce fichu 27 mai 1970. Mais dans son lit et des suites d'un problème de santé ! »

Huber a à peine achevé sa phrase que, derrière lui, on hurle : « Attention ! » Lui et Ulrike Eder se jettent littéralement contre le mur du cimetière. Un camion a loupé son virage ou perdu ses freins et fonce sur le convoi funéraire. Sa course folle est arrêtée par le terrible choc qu'elle provoque en percutant le corbillard. Le cercueil est projeté sur la chaussée, le couvercle explose au milieu des cris de la foule atterrée, et le visage de Manfred surgit ainsi à deux pas du docteur Huber. Comme si cet étrange patient avait tenu à lui rappeler que c'était bien lui, Kolher, qui avait raison...

« MERCI... »

Dans le fin fond de l'Écosse où la nature est magnifique malgré le vent et la pluie souvent de la partie, Samantha et Damian Byrne ont éprouvé un véritable coup de foudre pour une vieille maison datant du XVIIe siècle. Âgés respectivement de trente-deux et trente-sept ans, gagnant très correctement leur vie dans une banque de Manchester, les Byrne, épris de grands espaces verts, ont toujours aimé l'Écosse. Et rêvent d'y posséder un bien afin d'y passer plusieurs semaines par an.

La bicoque devant laquelle ils se sont extasiés des heures durant avant de contacter le vendeur est grande, répartie sur trois niveaux, grenier compris, et entourée d'un verger. « C'est du solide, jure le représentant de l'agence. On ne construit plus avec des blocs aussi épais, hélas ! En plus, regardez les murs et les plafonds, pas une tache d'humidité ! Avec le temps qu'on a dans le coin, c'est quasiment un miracle ! » Et il éclate de rire.

Prudents, Samantha et Damian font appel à un expert rendant des conclusions plus que rassurantes. « Vous n'avez aucune crainte à avoir. L'état de cette maison est parfait, presque anormalement ! Mais il paraît que la propriétaire précédente, une vieille dame très maniaque, l'entretenait à merveille. »

Le 24 octobre 1970, Samantha et Damian ont enfin achevé les travaux d'aménagement. Les plus gros et les plus coûteux se sont situés au niveau du chauffage qu'ils ont considérablement renforcé. Ce soir-là, le repas achevé, Damian monte se coucher. « Je suis fourbu. Et, demain, je veux profiter pleinement de ma première vraie journée écossaise ! »

Il embrasse Samantha qui, elle, ayant le sommeil léger, reste au rez-de-chaussée.

Comme elle en a l'habitude, elle s'installe dans un fauteuil en repliant les jambes sous elle et se plonge dans l'un des cinq bouquins que, dans l'après-midi, elle a empilés sur la table basse du salon. Elle a choisi une biographie, « Marie Stuart, reine d'Écosse », question de se mettre à la culture locale, bien que cette grande figure de l'Histoire se soit également illustrée loin de sa terre natale.

En sirotant une tasse de thé, Samantha savoure cette soirée qu'elle attendait depuis si longtemps. La maison de campagne prête, elle va pouvoir prendre un peu de repos.

Samantha a avalé une cinquantaine de pages quand un bruit curieux appelle son attention. Certes, elle ne connaît pas encore bien sa nouvelle demeure mais elle jurerait que quelqu'un tente d'entrer dans la pièce. Se contentant jusqu'alors de la lumière d'un lampadaire, Samantha Byrne allume d'autres lampes et fixe la porte séparant le living de la cuisine. Elle voit clairement la poignée de la porte bouger. Elle appelle : « Damian ? Damian, c'est toi ? » Mais n'obtient aucune réponse. Courageusement elle met la main sur cette poignée mais ne parvient pas à ouvrir car quelqu'un tente de résister. Pas longtemps pourtant. Lorsqu'elle se retrouve de l'autre côté de la porte, Samantha hurle : « Damian ! »

Trois minutes plus tard, en pyjama, les yeux mi-clos, le mari descend. « Il y a quelqu'un qui se cache ici ! » lance Samantha tétanisée. Et retrace ce qu'elle vient de vivre. Damian tente de calmer son épouse. « Tu es fatiguée. Tu devrais dormir... » Samantha, qui n'apprécie pas d'être prise pour une farfelue, crie : « Je ne suis pas folle ! » Son mari va vite s'en rendre compte. Dans la minute, c'est cette fois la porte d'entrée qui appelle brusquement l'attention. Fermée à clef, celle-ci s'ouvre brutalement, laissant entrer un vent de tempête. Samantha se blottit contre Damian. « Va voir qui a ouvert ! »

L'époux se hasarde à l'extérieur, regarde à gauche, à droite mais, dans la nuit noire, ne distingue personne. « Sans torche électrique, cela ne sert à rien d'aller plus loin » décrète-t-il.

Il referme la porte à double tour. Le couple se rend dans la cuisine. Samantha y prépare du thé. Sa tasse, bien au centre de la table, est subitement projetée sur le pavé et se brise. Damian se penche afin de ramasser les morceaux et, immédiatement, le néon se trouvant au-dessus de lui explose. Mille éclats volent.

Le couple Byrne se réfugie dans la salle à manger mais, là encore, plus aucune lampe ne fonctionne. À tâtons, Damian parvient jusqu'à un buffet où il a rangé une boîte de bougies et une autre d'allumettes.

À l'étage, la situation est la même : obscurité totale ! À la lueur de deux bougies, Samantha effectue un brin de toilette puis rejoint son mari sous la couette. Autant dire que ni l'un ni l'autre ne trouvent le chemin des bras de Morphée... Ils parlent à voix basse comme s'ils craignaient d'être entendus. « Demain, je fais les valises et on revend cette foutue bicoque ! On aurait dû se méfier : les fantômes d'Écosse, ce n'est pas du pipeau... » décrète Samantha. Damian temporise. « Pas de panique ! Je suis certain qu'il existe une explication rationnelle à tout ceci... » « J'attends celle pour les portes qui s'ouvrent seules, ou bien encore la présence qui forçait la poignée afin de m'empêcher de sortir... » « Dès l'aube, j'appelle un électricien... » « Tu devrais plutôt contacter un exorciste... »

Un électricien du village, Murdoch Dunn, se rend immédiatement chez les Byrne. Il ne comprend pas d'où viennent les dérèglements. « Pour moi, tout est en ordre. » Il hésite puis poursuit : « Vous savez, dans ce pays, il existe des phénomènes parfois surnaturels. Moi, je préfère ne pas parler... Mais allez donc de ma part chez Malvina. Elle habite au bout du chemin derrière la chapelle... »

Malvina n'a plus d'âge mais ne ressemble en rien à une sorcière sortie d'un autre temps. Elle a encore l'œil vif. C'est la doyenne du village. Et on dit qu'elle sait tout, y compris à propos de l'avenir...

« Ah ! vous êtes les nouveaux » s'exclame-t-elle. « Oui, bonjour Madame, répond le couple timidement. C'est Murdoch Dunn qui nous envoie… Voilà, nous avons vécu de drôles de choses la nuit dernière…» Et ils racontent. Nerveuse, Samantha conclut par ces mots : «Cette maison est hantée, raison pour laquelle j'imagine que nous, des étrangers, avons pu l'acquérir aussi facilement…» «Évidemment qu'elle est hantée ! rétorque Malvina en haussant les épaules. Nous ne sommes pas en Écosse pour rien.» Puis elle éclate de rire. «Comme vous m'êtes sympathiques, je vais vous aider. Ce qui vous arrive est, en fait, assez banal…»

Samantha et Damian grimacent. «Certains défunts restent très attachés à leur maison. Souvent parce qu'ils y ont passé une grande partie de leur vie ici-bas. Ce fut le cas de Lindsay Gordon décédée à quatre-vingt-douze ans au début de l'année 1969, laissant sa chère demeure à des neveux qui l'ont rapidement mise en vente. Lindsay y était née et ne l'avait pour ainsi dire jamais quittée. Mariée, elle s'y était installée à l'étage avec son mari, laissant ses vieux parents handicapés profiter du rez-de-chaussée. Son époux l'avait envoyée promener pour une voisine célibataire et sans scrupules, ce qui avait provoqué un énorme scandale dans le village. Sans enfants, Lindsay Gordon avait reporté son affection sur sa maison et son jardin où elle aimait accueillir ses amis et sa maigre famille. Grâce à ses économies, elle n'avait pas besoin de plus. Au notaire chez qui elle avait rédigé son testament, Lindsay Gordon avait confié : «J'espère que mes héritiers garderont mon petit paradis, mais je n'y crois guère. Ils sont de la ville, et la campagne les ennuie profondément. D'ailleurs, leurs visites se font rares…»

Samantha se sent attendrie par le récit de Malvina. «Quelle tristesse !» «Je suis moi-même émue en vous retraçant les faits. Il ne fait aucun doute que c'est Lindsay qui vous a rendu visite la nuit dernière. Mais elle ne vous en veut pas, j'en suis absolument certaine. En réalité, elle n'attend qu'un mot de votre part…»

«Lequel ?» demandent les tourtereaux éberlués. «Merci ! Oui, il vous suffit de vous rendre au cimetière à côté de l'église et, devant sa tombe, de remercier Lindsay d'avoir si bien entretenu les lieux dont vous profitez aujourd'hui… Et tout rentrera dans le calme, vous verrez… »

Samantha et Damian vont bien sûr aller au plus vite saluer Lindsay. Juste avant qu'ils ne s'en aillent, Malvina retient la jeune femme par la manche : « Dites-moi, félicitations ! » « Pour la maison ? » « Oui mais surtout pour le bébé ! »

Samantha tombe des nues. « Vous ne le savez pas encore, c'est vrai. Mais vous êtes enceinte de quelques semaines… Vous viendrez me présenter le nouveau-né ? » « Promis ! »

Samantha a les larmes aux yeux; que d'émotions en si peu de temps. Elle embrasse Malvina et donne la main à son mari. Ils marchent d'un bon pas jusqu'à ce qu'ils dénichent la pierre tombale recherchée : « Lindsay Gordon – 1877-1969 ». Samantha s'exprime à voix haute.

« Bonjour Lindsay, je suis vraiment désolée de ne pas être venue plus tôt. J'ai manqué à un devoir élémentaire et vous prie de bien vouloir m'excuser. Je vous remercie de nous avoir laissé votre petite merveille à laquelle vous avez donné tant d'amour. Je vous promets que nous allons tout mettre en œuvre afin de nous en montrer dignes. Nous mesurons la chance que nous avons. Ce matin, je pense beaucoup à vous, à la vie que vous avez eue et qui n'a pas toujours été facile. Et je souhaite que là où vous vous trouvez aujourd'hui, vous connaissiez la paix. Nous ne vous oublierons pas, Lindsay. Si vous le pouvez, veillez sur nous… » Puis elle chuchote à l'oreille de Damian : « Sur nous trois… Tu te rends compte ? »

De ce jour, Samantha et Damian Byrne ne connurent que des séjours paisibles dans leur résidence écossaise. À chaque anniversaire de leur arrivée officielle dans la maison, Samantha se rendait au cimetière, déposait des fleurs sur la tombe de Lindsay et souriait en murmurant : « Merci… » Dès sa deuxième visite, elle poussait un landau promenant ainsi une petite Iona que Malvina avait vue avant même ses parents…

ANNE-MARIE LENORMAND SE SERT DE NAPOLÉON

Elle a vingt et un ans et travaille à Paris chez d'Amerval, un gazetier, c'est-à-dire un homme qui rédige et vend une gazette. Son rôle est vague : secrétaire, lectrice, domestique... En cette année 1793, son maître, comme beaucoup d'autres, se retrouve en prison. Et va y rester onze mois.

La demoiselle doit se débrouiller. Elle vient d'Alençon où elle a vu le jour et suivi les cours des bénédictines. Là-bas, dès l'âge de sept ans, Anne-Marie prédit l'avenir à ses petites camarades. Qui s'étonnent, prennent parfois peur. Mais en redemandent.

Seule dans la capitale, la jeune femme décide de miser sur ce don afin de gagner sa croûte. Elle s'associe à une Mme Gilbert qui tire les cartes, et à un Flammermont, garçon boulanger connaissant du monde et pouvant constituer la base d'une clientèle. Anne-Marie, elle, lit l'avenir dans une sorte de grimoire intitulé « Livre du destin ». L'affaire fonctionne plutôt bien quand, en 1798, Mme Gilbert prend sa retraite. Anne-Marie et son associé continuent à exploiter le commerce et vont le faire prospérer. Ils s'installent au numéro 5 de la rue de Tournon.

La Lenormand va y recevoir pendant près de quatre décennies, se servant tantôt d'un marc de café, tantôt des cartes léguées par Mme Gilbert. L'intéressée jurera par la suite avoir vu défiler dans son salon Marat, Robespierre, la Montansier, la duchesse de Gramont, la princesse de Lamballe, Camille Desmoulins, Barras, Mme Tallien, Talma… Que du beau monde ! Et puis, il y a une certaine Mme de Beauharnais à qui elle assure : « Votre époux périra de mort violente ; vous lui survivrez. Un second hymen vous est annoncé avec un homme de guerre, celui-ci doit faire l'admiration de la France, devenir le régulateur du monde entier. Vous êtes appelée aux plus hautes destinées… »

Joséphine, future épouse de Napoléon, accorde, dit-on, un certain crédit aux dires de la Lenormand qu'elle revoit, y compris apparemment juste avant sa séparation avec le plus célèbre des Corses.

Anne-Marie jure également qu'à trois reprises, Napoléon en personne a eu recours à ses services et qu'elle lui a tiré les cartes. Elle y aurait vu dans l'ordre une île déserte, Waterloo et une mort par empoisonnement…

Malheureusement pour elle, rien ne prouve que Napoléon ait accordé de l'importance aux prophéties de la Lenormand. Ni même qu'il se soit adressé à elle. En revanche, Anne-Marie s'est servie de lui pour nourrir sa publicité, comme on ne disait pas à l'époque.

Il semble que l'Empereur s'en soit agacé. À telle enseigne que, sur son ordre, en 1809, la voyante effectue un séjour en prison.

Au fil du temps, et après la chute de Napoléon, Anne-Marie Lenormand continue à exploiter ses – vrais, faux et sans doute un mélange des deux – souvenirs. En plus du prix qu'elle demande pour ses consultations, elle en profite pour vendre les livres « pondus » à la chaîne. Avec un succès allant, de volume en volume, en diminuant.

Elle rend le dernier soupir le 25 juin 1843. Anne-Marie Lenormand avait soixante et onze ans. Et non pas cent vingt-trois comme elle l'avait prédit…

L'ASCENSEUR ET LES ESCALIERS

Il fait particulièrement doux ce soir du 24 mai 1958 à New York. Les salles de spectacle de Broadway affichent complet et les restaurants sont pleins à craquer. Tout comme les hôtels d'ailleurs.

Hans Fischer, de nationalité allemande et vivant à Munich, fait partie des nombreux étrangers de passage dans la ville magique. Il s'y trouve pour son business mais, comme il sera divorcé d'ici peu, il s'accorde du bon temps.

À cinquante-deux ans, Hans Fischer entend bien commencer une nouvelle vie. Se remarier ? Un jour, peut-être. Mais en attendant de rencontrer celle avec qui il aura éventuellement envie de se fixer, il papillonne. Et, disposant de quelques moyens financiers, s'amuse avec des demoiselles attirées notamment par l'argent et le champagne. Katie, vingt-quatre ans, jolie brune aux formes bien mises en valeur dans une robe bleu marine et blanc particulièrement moulante, a été recommandée à Hans par une relation d'affaires.

Katie n'a pas son pareil pour faire croire à des messieurs ayant, grosso modo, le double de son âge, qu'ils sont de magnifiques incarnations de Don Juan. Si c'est le cas pour Hans, le mythe risque d'en prendre un sacré coup car le bonhomme ne dépasse pas le mètre soixante-cinq, est bedonnant et à moitié chauve. Quant à la couleur de son visage, elle trahit son penchant – de longue date sûrement – pour les boissons alcoolisées. Mais Hans Fischer se moque de son apparence. Dès qu'il sort des liasses de dollars de sa poche ou qu'il descend d'une limousine de grand luxe louée avec le chauffeur, le riche Munichois se croit irrésistible. Et ce n'est évidemment pas Katie qui lui dira le contraire.

Ce 24 mai 1958, donc, Hans Fischer a emmené Katie applaudir une comédie musicale puis déguster un repas raffiné dans un restaurant de luxe. Après avoir bu champagne, vin et whisky, Hans ramène sa conquête au palace où il est descendu. Malgré l'heure tardive – pas loin de minuit –, il y a du monde dans le hall. De nombreuses personnes attendent l'ascenseur.

Quand l'appareil ouvre ses portes et que c'est au tour de Katie et de Hans d'y monter, celui-ci voit le liftier et a un mouvement de recul. Katie, elle, a avancé et est prête à entrer dans l'ascenseur. « Tu viens ? » lance-t-elle. Mais comme s'il était pris d'un malaise, Hans bredouille : « Euh... Non... Je préfère aller à pied. C'est meilleur pour la digestion... » Et se forçant à rire, il lance : « Je parie que je serai avant toi au troisième étage. Chambre 312, n'oublie pas ! »

Comment un homme en surpoids ayant absorbé plusieurs verres d'alcool ces trois dernières heures peut-il choisir de monter autant de marches ?

Par hasard – si toutefois celui-ci existe –, Jerry, le concierge, passant à proximité, a surpris ce dialogue. Et s'en est étonné.

Quelques minutes plus tard, les paroles prononcées par Hans Fischer l'obsèdent car une tragédie vient de se produire : entre le deuxième et le troisième étage, les courroies de l'ascenseur ont lâché et l'appareil s'est écrasé au deuxième sous-sol. Au milieu des cris, des gravats et de la poussière, les secouristes parviennent à extraire des corps. Bilan : trois morts et onze blessés. Katie s'en sort plutôt bien avec une légère fracture au bras droit.

Personne n'explique un tel accident d'autant que l'ascenseur a été l'objet d'un entretien annuel sept mois plus tôt. En attendant de pouvoir se retourner vers le fournisseur ou le fabricant et de faire jouer les compagnies d'assurance, la direction de l'hôtel demande à la police de récolter le maximum d'informations pouvant l'aider à comprendre.

Sur les indications de Jerry, elle s'intéresse rapidement à Hans Fischer. Pourquoi cet homme a-t-il in extremis bifurqué vers les escaliers ? Pourquoi semble-t-il à ce point tétanisé depuis que la catastrophe a eu lieu ? Pourquoi reste-t-il au rez-de-chaussée en pleine nuit alors qu'il aurait pu regagner sa chambre comme il avait d'ailleurs commencé à le faire ?

Dans le petit bureau où deux inspecteurs se sont isolés en compagnie de Hans Fischer, celui-ci, toujours sous le choc, se confie.

« Vous allez croire que je suis fou ou, pour le moins, déséquilibré… Voici cinq ans, j'ai fait un rêve, ou plutôt un cauchemar, que je n'ai jamais pu effacer de ma mémoire. Je me trouvais dans un endroit que je ne connaissais pas, un peu sombre. J'essayais de m'en échapper car j'avais l'intime conviction que je risquais de mourir. Mais à chaque fois que je pensais m'en sortir, surgissait un homme qui m'effrayait. Son visage était maigre, son front marqué par quelques rides profondes, les sourcils très noirs et très épais… »

Hans est parcouru de frissons. « Et alors ? » s'impatiente l'un des deux flics. « Ce type, je l'ai retrouvé tout à l'heure, ici même. C'était le liftier, j'en suis certain. Aucune erreur possible. Quand je l'ai vu, j'ai été pris de panique… » « Mais vous avez laissé monter votre amie ? » « Oui, je ne comprends pas pourquoi… Au fait, comment se porte ce liftier ? » « Il a les jambes cassées… Nous allons pouvoir l'interroger bientôt. »

Intriguée, on le serait à moins, par le témoignage de Fischer, la police cherche à en savoir davantage sur le liftier mais sa déconvenue est grande. Le responsable du personnel se sent un peu fautif. « Nous avons enregistré une défection hier et j'ai engagé ce garçon ce matin. Il était prêt à prendre son service ce soir. J'étais pressé, je lui ai dit que nous remplirions les papiers le lendemain. Je ne sais rien de lui, sinon son prénom, Charlie… »

Le jour n'est pas encore levé que la liste des victimes s'allonge. Une quatrième personne décède : il s'agit de Charlie. De façon inexplicable, juste au moment de son admission à l'hôpital, brusquement, son état a empiré. Les médecins n'ont pu intervenir. Et personne n'a été en mesure de lui demander de décliner son identité. Celle-ci va rester un mystère total.

Hanté par cette histoire, Hans Fischer entreprendra à ses frais des recherches, lançant des annonces aux quatre coins du monde. Il recevra beaucoup de réponses l'embarquant sur autant de fausses pistes.

Il ne saura donc jamais qui remercier de lui avoir, de façon bien étrange, sauvé la vie.

LES RISQUES DU MÉTIER

Carol Haig décroche le téléphone et reconnaît instantanément la voix d'Alan Thurlow. Il faut dire que cela fait maintenant trois ans qu'il est un client assidu. Peut-être trop, d'ailleurs.

Carol Haig exerce le métier de voyante dans le très beau et très chic quartier de Belgravia, à Londres. Elle reçoit dans une maison splendide avec jardin, située à quelques pas d'un parc privé. Sur la façade, aucune plaque n'annonce la profession de Carol Haig. Pas même une étiquette sur une sonnette. Et d'ailleurs, dans le cadre de ses activités professionnelles, Carol Haig a opté pour un pseudonyme : Helen (comme sa mère) Cooper (comme Gary, son idole de jeunesse au cinéma).

En octobre 1980, Carol Haig, quarante-cinq ans, est divorcée sans enfants d'un richissime homme d'affaires américain lui ayant laissé une véritable fortune en guise de cadeau d'adieu. À la fois pour s'occuper et s'amuser, Carol a décidé d'exploiter des dons qu'elle dit posséder depuis l'enfance. Dotée d'une intuition au-dessus de la moyenne, elle obtient des résultats étonnants. Elle parle de « flashes » qui lui apparaissent parfois simplement au son d'une voix et plus souvent encore en fixant quelqu'un dans les yeux. Les siens sont bleus et participent au charme général se dégageant de cette jolie personne aux nombreux soupirants. Y compris parmi ses clients qui, à force d'être l'objet de son regard perçant, y voient parfois davantage qu'un intérêt professionnel. Et pourtant, Carol Haig n'est pas près de mélanger le boulot avec sa vie privée. Ne serait-ce que parce que, dans le beau monde qu'elle fréquente, peu de gens savent comment elle meuble ses heures de loisirs.

Carol se retrouve fréquemment dans des manifestations huppées où l'étiquette « voyante » ferait sombrer l'intéressée dans le ridicule. Pourtant, les intimes de Carol lui ayant assuré une discrète promotion bien ciblée, la dame croise parfois dans des soirées bon chic bon genre des hommes et des femmes l'ayant sollicitée durant la journée pour une consultation...

Alan Thurlow n'est pas du nombre des personnes de sexe masculin tombées en pâmoison devant Carol. En revanche, il a très vite été séduit par les paroles de celle qui, pour lui, s'appelle Helen Cooper. Alan Thurlow, trente-huit ans, croit plus en Helen qu'en lui. Il s'agit d'ailleurs de son problème majeur : Thurlow manque singulièrement de confiance dans tout ce qu'il entreprend. Quand il sonne pour la première fois chez Helen Cooper dont il a entendu parler par un ami aussi paumé que lui, Alan a le moral au plus bas. Employé dans une chaîne de pompes funèbres (ce qui ne l'aide nullement dans son combat contre le pessimisme), il s'est fait larguer par sa petite amie qui le trouvait par trop sinistre. Et, à la suite d'une violente dispute avec le propriétaire de son appartement, il a été mis à la rue en moins d'un mois.

D'emblée, Helen a trouvé les mots qui ont rassuré Alan. Parant au plus urgent, elle lui a assuré que son problème de logement serait vite résolu. Quinze jours plus tard, Alan cessait de dormir chez des copains de bonne volonté et posait ses caisses dans un studio qu'il jugeait « génial ».

Il n'en fallait évidemment pas davantage chez quelqu'un en état de faiblesse pour attribuer à Helen Cooper une aura et, surtout, un pouvoir exorbitant. Certes, Helen n'avait rien demandé ni même essayé d'obtenir. Mais la perception des dons d'Helen qu'en avait désormais Alan était dangereuse.

À la place d'attendre que se réalisent les prédictions d'Helen, Alan Thurlow mettait tout en œuvre afin de les concrétiser !

Incidemment, Helen Cooper lui disait qu'elle le voyait rouler dans une petite voiture ? Il renonçait in extremis à acheter une plus grosse cylindrée afin de se conformer aux propos de la pythonisse. Elle lui conseillait de veiller à d'éventuels maux de gorge ? Le lendemain, il toussait et courait vers la première pharmacie !

Ce qui tracassait le plus Alan Thurlow, c'était son célibat. La solitude lui pesait. Et il laissait indifférentes les femmes qu'il convoitait.

Un jour, dans l'exercice de ses fonctions, il avait vu arriver une jeune femme venant de perdre son vieux mari. Près de trente ans les séparaient. Elle ne semblait pas brisée par le chagrin. Il tenta sa chance. Maladroitement, il lui murmura : « Si vous cherchez quelqu'un pour vous consoler... » La veuve le regarda ironiquement et répliqua : « Je cherche effectivement quelqu'un. Mais je choisis toujours parmi des hommes riches. Ainsi, s'ils partent avant moi, je continuerai à bénéficier de la raison pour laquelle je les ai pris... »

Dégoûté, Alan Thurlow se rendit compte à quel point sa condition était misérable. Certes, il gagnait correctement sa vie mais il pourrait mieux faire.

Son idole, Helen Cooper, lui jura : « Vous avez l'âme d'un chef d'entreprise. Lancez-vous ! » Six mois plus tard, Alan s'associait à un copain ouvrant une boutique de jeans. L'affaire n'était pas exceptionnelle mais avait sacrément boosté le moral d'Alan. D'autant qu'Helen, encore elle, avait précisé : « Dans ce cadre-là, vous risquez davantage de trouver l'âme sœur. »

Malheureusement, l'élue tarde à montrer le bout de son nez. Puis un soir, alors que le magasin allait fermer, surgit une jeune femme d'environ trente-cinq ans, longs cheveux noirs, yeux verts, allure de top model. Le coup de foudre est immédiat. Et unilatéral.

La cliente éprouve le besoin de renouveler sa garde-robe et a besoin de trois jeans. « Il faut pouvoir changer, ne trouvez-vous pas ?» lance-t-elle à l'adresse d'Alan qui, bien entendu, acquiesce. « J'ai vu dans votre vitrine de jolies choses... » Elle en choisit plusieurs. Au fil des essayages, Alan perd un peu plus la tête. À chaque fois que Linda – ainsi se prénomme-t-elle – sort de la cabine, le rythme cardiaque du vendeur s'accélère !

Les trois pièces demandant de légères retouches, Linda va donc devoir repasser par la boutique !

Alan remplit une fiche à son nom, Linda Boyle, et demande un numéro de téléphone au cas où il y aurait du retard dans le travail. Il ne remarque aucune alliance à ses doigts et en conclut hâtivement que Linda n'est pas mariée. Il a donc toutes ses chances !

La visiteuse lui présente des excuses pour les trois quarts d'heure supplémentaires qu'elle lui a fait effectuer. Il répond, euphorique : « Ce fut un vrai bonheur ! Je n'ai pas des clientes aussi charmantes tous les jours ! » Linda sourit poliment et tourne les talons.

Dans la minute, Alan plonge sur le téléphone. C'est par cet appel qu'a commencé ce récit. « Helen, j'ai une immense nouvelle à vous annoncer : j'ai rencontré la femme de ma vie ! »

Helen ne refroidit pas les ardeurs d'Alan. Qui expose son plan : « Quand elle va revenir, je vais lui déclarer ma flamme. Je n'ai plus une minute à gaspiller ! »

Helen émet pourtant des doutes sur une méthode aussi brutale. « Ne l'effrayez pas ! Soyez patient ! » Alan râle : « Patient ? Vous en avez de bonnes ! Vous savez depuis combien de temps j'attends ? Cette Linda Boyle, je l'ai déjà dans la peau, je ne veux pas la laisser filer. » Silence. Alan sait que lorsque Helen se tait c'est parce qu'elle voit des choses qu'elle ne décrit pas nécessairement. Il poursuit sur le même ton conquérant : « Je compte l'inviter à dîner. » Helen se contente de répondre : « Ce sera un bon test. »

Lorsque Linda vient rechercher ses achats, Alan – qui n'a pas dormi la nuit précédente en réfléchissant trop au discours qu'il allait tenir – se jette à l'eau comme un débutant sachant à peine nager. « Je vous décerne le titre de cliente la plus sympa du mois ! Dans ce cadre-là, vous avez gagné un dîner avec moi ! Qu'en dites-vous ? »

Linda Boyle rit aux éclats. « Vous êtes amusant ! » Croyant la partie bien engagée, Alan se fait pressant et précis : « Vous avez une date ? » Mais la belle le fait rapidement déchanter : « Je suis très prise… » Elle prend le sac contenant ses trois jeans et s'éclipse. « Merci encore pour votre patience de l'autre jour. Bonne soirée. »

Alan Thurlow est K.-O. debout. John, son associé, débarque juste à ce moment-là et l'interroge : « Tu n'a pas l'air bien… C'est à cause de la fille que je viens de croiser ? » « Si on veut », articule l'autre. « Vachement canon en tout cas ! Son mari a une chance folle ! »

Alan voit rouge : « Comment sais-tu qu'elle est mariée ? » Surpris par une réaction aussi agressive, John bredouille : « Euh… Je n'en sais rien, je ne la connais pas ! Mais cela m'étonnerait qu'une fille comme ça ne soit pas casée ! »

La colère d'Alan éclate : « Tu racontes n'importe quoi ! Si toutes les jolies femmes de mon âge sont prises, il ne me reste plus que les moches. C'est ça que tu veux dire ? » Il n'attend pas la réponse. Il empoigne sa veste au portemanteau et sort de la boutique en claquant la porte.

Le lendemain matin, un peu calmé, Thurlow explique à Helen Cooper au téléphone : « Je ne m'avoue pas battu. » Puis, il demande : « Linda est-elle mariée ? » Sincère, Helen répond : « Je n'en sais rien. »

Alan s'agace : « Vous ne savez pas ou vous ne voulez pas me le dire ? Comme John, vous pensez peut-être que cette fille est trop bien pour moi ! » Helen n'entre pas dans son jeu : « Je n'ai rien affirmé de tel. Je ne vois franchement pas si cette femme est libre ou non. Je ne la vois d'ailleurs pour ainsi dire pas. » « Comment est-ce possible ? » « Je vous ai déjà expliqué que mes flashes ne constituent pas des films complets. Il me manque des personnages ! »

Thurlow raccroche mécontent. Mais puisque personne n'abonde dans son sens, il se débrouillera tout seul. Il a conservé précieusement le numéro de Linda et va s'en servir. Comment ? Il y réfléchit afin de mettre au point le scénario imparable !

Pendant ce temps, Carol Haig qui, en l'occurrence, n'a pas besoin de son pseudonyme, prend le thé dans un salon du centre de Londres. En face d'elle, une bonne copine qu'elle fréquente irrégulièrement et dont elle apprécie l'intelligence. Elle s'appelle Linda Boyle. L'incroyable hasard !

« Je ne devrais pas trahir un secret professionnel mais je dois te mettre en garde. Ce garçon parfois sympathique et attachant est profondément déprimé et déséquilibré. Je le sais capable de commettre des folies. Sois prudente. »

Se doutant que le lascar va la relancer tôt ou tard, Linda a préparé sa riposte. Le jour dit, elle coupe court à tout délire d'Alan : « Je vis avec le même homme depuis sept ans, je l'aime profondément et nous avons une petite fille qui incarne notre bonheur. Je suis désolée de vous décevoir mais c'est la réalité. Maintenant, je vous demande de m'oublier… »

Alan a compris. Mais n'a pas pour autant dit son dernier mot. Dans les heures qui suivent, il fonce chez Helen Cooper, force l'entrée de sa maison et, dès qu'il a mis un pied dans le hall d'entrée, il sort de son blouson un revolver !

« Depuis le début de mon histoire avec Linda, vous m'avez menti. Vous m'avez baladé. Vous allez le payer cher. »

Sans le montrer, Carol-Helen craint le pire. « Je vous ai toujours dit que je ne voyais pas cette personne ! Vous vous êtes emballé tout seul. » La haine que Carol lit dans les yeux d'Alan lui fait très peur : « Je ne supporte plus les gens de votre espèce. Cette Linda, d'ailleurs, vous ressemble un peu. Elle aussi aime se moquer des autres, des hommes en particulier. »

Et là, bêtement, parce qu'elle panique, Carol se trahit : « Linda ne se moque de personne. Elle est heureuse dans sa vie et veut simplement que vous lui fichiez la paix... »

En une fraction de seconde, Carol a un réflexe de survie. Elle soulève une statuette en marbre et vise la tête d'Alan qui s'écroule d'un coup. Carol saisit le revolver et sans perdre le lascar de vue, appelle la police.

Alan s'en sortira avec une fracture du crâne et dix ans de prison dont trois avec sursis.

Carol Haig avait bien senti le danger, davantage sur Linda que sur elle-même. Elle en conclut sagement qu'il était temps de se trouver un autre passe-temps aussi amusant que le précédent mais qui exclurait les possibles mauvaises rencontres...

LE COFFRET

Octobre 1977 à Boston. Depuis un an déjà, l'affaire Griffin empoisonne la vie de l'inspecteur Burns, trente-cinq ans. Certes, celui-ci n'y pense pas du matin au soir mais ce dossier reste comme un caillou dans sa chaussure. Quand il lui a été confié, Mark Burns se souvient en avoir été ravi. Lui qui, jusqu'alors, avait toujours eu droit aux faits divers sordides et aux enquêtes de routine sans grand intérêt était en charge d'un meurtre au sein d'une famille aisée, les Griffin. C'était en plein été et les flics plus expérimentés que lui se trouvaient en vacances. Bref, il y vit la chance de sa carrière.

Les trois frères Griffin, David (quarante-sept ans), Curt (quarante-deux ans) et Steven (trente-neuf ans) ont hérité de la fortune de leur père. Au décès de leur mère, ils ont divisé les biens en trois. David a gardé la maison à laquelle il tient particulièrement tandis que les deux autres se sont partagé de nombreux biens. Une succession qui n'aurait jamais dû figurer dans les journaux si, le 12 septembre 1972, Curt Griffin n'avait été retrouvé assassiné chez lui à coups de marteau. Dans la foulée, on a constaté la disparition d'objets de grande valeur, notamment une collection de douze montres valant plusieurs centaines de milliers de dollars. Le coffret qui les contenait a disparu d'une petite pièce du bureau privé de Curt dont lui seul possédait la clé.

Les employés de Curt ont chacun été interrogés longuement. Au service de leur maître depuis de longues années, ils auraient pu repérer des indices leur permettant de faire main basse sur les montres. Ils se récrièrent comme si on les accusait de meurtre !

Croyant à un crime crapuleux ayant le vol pour mobile, l'inspecteur Mark Burns déploya une énergie folle pensant que des objets d'une telle valeur n'allaient évidemment pas tarder à apparaître sur le marché, officiel peut-être pas, mais au moins parallèle. Il suffisait de faire surveiller. Sauf que les jours, les semaines, les mois passèrent sans que la moindre information utile ne lui soit communiquée.

Il y avait également les deux frères dont il fallait s'occuper. Les rapports au sein de la fratrie auraient-ils été exécrables au point que l'un ou deux des trois veuillent éliminer Curt ?

Steven ne voyait jamais ses frères. Il habite à Los Angeles où, avec son héritage, il a acheté une chaîne de fast-foods.

David, lui, croisait Curt de temps à autre. Ils n'ont jamais eu d'atomes crochus qui les auraient incités à organiser des fêtes ou des rencontres particulières. « Mais je ne nourrissais pas la moindre animosité envers Curt, jure David. La preuve, lorsqu'il y a deux ans, il a déménagé, c'est moi qui ai tout organisé car j'ai toujours été mieux structuré que lui. Curt était un peu poète. Moi, j'ai davantage les pieds sur terre. Je lui ai trouvé la meilleure équipe en fonction de ses besoins. Et, le soir même, nous avons dîné lui et moi, par terre, en mangeant des sandwiches. Comme au bon vieux temps lorsque nous campions dans le jardin de nos grands-parents… »

Bien entendu, David ne connaît aucun ennemi à Curt. « On ne pouvait qu'aimer un tel garçon ! »

Burns n'attend rien de Steven qui a effectué l'aller-retour pour l'enterrement et est reparti avec femme et enfants vers ses activités californiennes. Il semble terriblement affecté par la perte de Curt mais contient son émotion. David, lui, surjoue le rôle du frère éploré.

À la tête d'une boutique de vêtements de luxe, le défunt fréquentait les milieux de la mode. Burns s'y montra aussi l'aise qu'un vendeur d'esquimaux sur la banquise.

Dans son complet gris, sa chemise blanche ornée d'une cravate aussi terne que le reste, l'inspecteur faisait plutôt tache au sein d'une société où, l'époque aidant, toutes les audaces étaient permises. Bref, il posa beaucoup de questions pour n'obtenir que très peu de réponses.

Restait donc David, celui qui avait repris une partie du commerce d'antiquités de son père, la totalité était trop lourde et peu passionnante à ses yeux. Mais assisté de collaborateurs sensiblement plus expérimentés que lui, David ne se tuait pas à la tâche. Il ne se levait pas avant 9 heures, ne se couchait pas avant 1 heure, pouvait s'accorder des lunchs interminables. Et sortait ou recevait à peu près tous les soirs.

« Une vrai vie de parasite ! Le mec qui n'a jamais dû se fatiguer pour gagner le moindre dollar ! » râlait le flic. De plus, célibataire sans enfants – c'était également le cas de Curt – David ne pense vraiment et exclusivement qu'à lui !

Issu d'un foyer où les fins de mois commençaient parfois le 15, Mark Burns ne supporte pas les gens n'ayant jamais dû retrousser leurs manches afin d'honorer tous leurs engagements financiers. Ce n'est pas qu'il soit jaloux mais, en comparaison, il voit trop de gens trimer pour, finalement, pas grand-chose. La situation d'un David Griffin lui paraît, sinon révoltante, au moins indécente.

Les supérieurs de Mark savent que le boulot a été correctement mené dans l'affaire Burns. Force est néanmoins de constater que l'enquête stagne. Pour le premier anniversaire, la presse s'est réveillée et l'a souligné. Ce qui a agacé encore un peu plus Mark.

Un soir, dans une pizzeria où il a la mauvaise habitude d'avaler trop vite un peu n'importe quoi, l'inspecteur Burns aperçoit au fond de la salle une vieille connaissance, Donna, qu'il a autrefois aidée à se sortir de mauvais pas. Provisoirement, pour payer ses factures, Donna avait flirté un peu trop ouvertement avec la prostitution. Si Mark ne l'avait prise en sympathie parce qu'il la trouvait touchante, charmante et sincère, à deux reprises, elle aurait été mise à l'ombre.

Cela faisait de longs mois qu'il ne l'avait plus croisée. Elle est seule, il l'invite à sa table. « Heureux de voir un joli visage ! » lance-t-il. « Flatteur ! » « Non, tu ne changes pas. Tu resplendis. Que deviens-tu ? » « Tu vas rire ! » « Cela me fera du bien ! » « Je me suis installée comme voyante. Et ça marche ! »

Mark se contente de sourire. « Je me souviens que tu m'avais parlé de ça autrefois. Tu m'avais raconté des trucs à propos de je ne sais plus quoi mais tu n'étais pas à côté de la plaque… Tu m'excuseras, mais je suis fatigué… » « Eh bien, j'ai poursuivi ! Je me suis installée dans un quartier où l'on ne connaissait pas mon ancienne activité. D'ailleurs, j'ai pris mon vrai prénom, Donna, que tu étais l'un des rares à connaître d'ailleurs… » Ils devisent, engouffrent chacun une pizza quatre fromages bien grasse, boivent une bière.

Donna interrompt les banalités. « Tu n'es pas bien dans ta tête. Quelque chose te tracasse… » « Ah, ça y est, Donna s'est mise sur le mode voyante ! » « Je suis sérieuse. C'est ton boulot, une affaire qui représente beaucoup pour toi. Et tu tournes en rond… » « Je ne peux rien te cacher… » concède-t-il, las. « Je sens des choses… Il me faudrait me concentrer… Tu as le temps de me trouver des photos des gens incriminés et puis de venir chez moi ? »

« Après tout, pourquoi pas ? Il est déjà 21 heures. Tu es disponible ? » « Pour toi, toujours ! » En moins d'une heure, Mark Burns a rassemblé des documents et retrouvé Donna à son domicile. Elle ferme les yeux, observe un silence absolu. Puis, s'exprime comme si elle était ailleurs : « Un homme est battu à coups de marteau par un autre. Il entre dans une petite pièce accessible grâce à un code qu'il lit sur un morceau de papier. Il porte des gants, referme tout… » Nouveau silence. « L'assassin apporte le fruit de son vol à un homme, très élégant, environ cinquante ans. Il vit dans une grande maison aux murs blancs. Il donne plusieurs liasses de billets. Puis… »

« Puis ? » « Le maître de maison prend des outils et, avec l'aide de son complice, démonte un petit plafond dans un bureau. En fait, il s'agit d'un faux plafond. Il place le coffret dans un recoin et, très facilement, repose le faux plafond… Ils ont décidé d'attendre trois ou quatre ans, peut-être plus, pour se débarrasser de ce qu'ils ont caché… »

Donna revient à un état normal. « Te suis-je d'une quelconque utilité ? » « Tu ne peux pas imaginer à quel point ! s'exclame-t-il en l'embrassant sur le front. Je te tiens au courant. »

L'inspecteur Burns va y aller au bluff et courir des risques, il le sait. Mais il a décidé de foncer dans la maison aux murs blancs…

Mark attend l'aube pour réveiller David Griffin avec, dans la poche, un mandat de perquisition. Il l'oblige à ouvrir la porte du petit bureau. « Je n'y vais jamais, j'ignore où se trouve la clef. « Pas grave, enchaîne Burns, on va défoncer la porte ! » « Vous n'y pensez pas ! Un meuble d'une telle valeur ! Et, miraculeusement, la main droite de David plonge dans un vase et en sort la clef. « Belle petite cachette ! » jubile Mark Burns. « Je ne comprends pas… Vous n'avez pas le droit… » « À peu près tous les droits, si. Celui de vous obliger à détacher le petit faux plafond, par exemple… » « Le… Mais… Il n'y a pas de faux plafond ! Vous divaguez… » « Je vous conseille de rester poli et d'obéir à mes ordres. Mes deux agents vont vous aider. L'un d'eux va vous accompagner pour aller chercher une échelle et des outils. Pas un pas de travers sinon je vous embarque ! »

Moins de quatre minutes plus tard, Griffin se trouve à l'œuvre. « Allez-y ! » Le faux plafond est enlevé. « Et après ? » interroge David. « Il y a un recoin invisible dans lequel vous avez dissimulé un coffret. » « Si vous êtes si sûr de vous, venez le chercher ! » « Ça suffit, Griffin ! Un autre ton. Fini la vie de pacha ! Ce soir, vous dormirez en prison ! » « Pour avoir placé un faux plafond dans un bureau ? Je pense plutôt que c'est vous qui allez passer de sales moments quand je vais porter plainte contre vous et vos agissements... »

L'inspecteur empoigne un marteau, monte sur l'échelle et se met à taper dans tous les coins. À un moment, une planchette cède et laisse tomber un coffret assez lourd que l'un des agents attrape au vol. Burns descend en vitesse, ouvre et contemple les douze superbes montres, l'objet du vol chez Curt... L'autre blêmit et se met à trembler.

« J'ai comme l'impression que vous allez faire un peu moins le malin, maintenant... » Et à ses adjoints : « Emmenez-le ! » « Pas avant que je ne puisse appeler mon avocat ! » « Je ne vous quitte pas d'une semelle, quelquefois qu'il y aurait aussi un faux plancher... »

À l'origine du drame, une histoire amoureuse qui tourne mal. Delvon veut quitter Curt pour David. Mais la séparation se passe mal, très mal. Curt exerce sur Delvon un chantage à propos de photos compromettantes qu'il a déposées dans un coffre. Il a fini par comprendre qu'elles se trouvaient sous les douze montres auxquelles Curt tient tant. David, fou de Delvon, et en voulant profondément à son frère, cherche une solution à l'amiable. Il va parler à Curt qui éructe en le chassant de chez lui. Alors, sorti de ses gonds, David donne le feu vert à Delvon pour supprimer son ex-amant tout en récupérant les photos et, tant qu'il y est, les montres qui valent une fortune...

Le reste se décida en termes de lourdes peines de prison devant un tribunal. Donna, elle, insista pour que son identité n'apparaisse nulle part au fil des nombreux articles sur l'issue de l'enquête. Burns fut donc le seul à retirer tout le bénéfice de cette réussite. Un jour pourtant, dans les années 80, se rendant compte que les affaires de sa copine n'étaient plus florissantes, Burns se fit inviter dans un talk-show avide d'aventures extraordinaires et, avec la bénédiction préalable de l'intéressée, raconta pourquoi il ne faut pas considérer toutes les voyantes comme des rigolotes...

DES AVIONS EN MORCEAUX

À Pine Bluff, dans l'Arkansas, Shawn Robbins[8] jouit d'une jolie notoriété. Chaque matin, sur une radio locale, elle écoute les auditeurs lui raconter leurs rêves et les interprète. À moins qu'elle ne passe du temps à livrer les siens. Et ce matin-là, la jeune femme va défrayer la chronique.

Certes elle hésite un peu mais pas longtemps. Et finit par confier : « Voilà, c'est la première fois que cela se produit chez moi. J'ai vu arriver une catastrophe aérienne... »

L'animateur qui lui donne la réplique se rend évidemment compte de l'impact que de tels mots peuvent avoir sur les ondes. Il demande des précisions. Mais Shawn Robbins n'en sait guère plus. Elle tente un moment d'atténuer ses propos. « Hier après-midi, en passant devant une agence de voyages, j'ai fixé un avion miniature dans la vitrine. C'est peut-être cette image qui, dans mon inconscient, m'a marquée et a provoqué un simple cauchemar... »

Mais bien sûr, chez beaucoup d'auditeurs, c'est la panique. D'aucuns demandent pourquoi Shawn n'a pas gardé cet épisode-là pour elle. Et d'autres trouvent normal que dans une séquence comme la sienne, elle en ait fait mention. Quelques heures plus tard, la même station de radio annonce par la voix

---

8 Les noms et les faits ont été rassemblés par Pierre Bellemare et Jacques Antoine pour les besoins de leur émission « Dossiers secrets », diffusée sur l'antenne d'Europe 1 durant la saison 1983-1984, et prolongée par un livre portant le même titre paru à Éditions n° 1 en 1984.

de son directeur de l'information : « Un dramatique accident vient de se produire à San Diego. Un jet a percuté un avion de tourisme au-dessus de la ville. C'est le plus grave accident aérien survenu aux États-Unis à ce jour. Cent quarante-quatre passagers ont péri… »

Dire que la soirée de Miss Robbins est calme serait mentir. Assaillie par une foule de journalistes, de photographes, de caméras, chacun veut connaître ses secrets. Si c'était si simple !

Six mois plus tard, en mars 1979, Shawn plonge dans le même genre de cauchemar qui se répète. Et se précise. Elle confie à un journaliste que cette fois la catastrophe va avoir lieu dans le Middle West. En avril, elle confirme la localisation et ajoute que l'appareil qui va être détruit sera un Jumbo jet.

Que l'on ne se méprenne pas sur le compte de Shawn Robbins. Elle n'a nullement envie d'attirer l'attention sur elle. La spécialiste des visions oniriques voudrait tellement que ses épouvantables scènes ne déchirent plus ses nuits. Chacune de ses nuits ! Parfois, elle se voit impliquée dans l'accident au milieu des cadavres. Puis, une autre fois, elle n'en est que la spectatrice lointaine.

L'histoire devient encore plus incroyable lorsque David Booth, qui habite Cincinnati, fait exactement le même rêve. Et lui n'a rien d'un spécialiste de la question. Son job : la direction d'une agence louant des voitures. Et chez David Booth, comme chez Shawn Robbins, les séquences tournent de plus en plus souvent en boucle durant des nuits… Les images se recoupent mais lui, David, pense que l'avion concerné serait plutôt un DC10…

Le 25 mai, un DC10 décolle de Chicago en direction de Los Angeles. Il n'ira pas bien loin. L'un des moteurs explose. L'appareil s'écrase. Aucun des deux cent soixante-dix passagers ne survivra.

UNE TROP BONNE VUE

Dans un immeuble plutôt chic de la ville de Detroit, dans le Michigan, Stephen Murphy admire son bureau tout neuf et tout autant la pile de cartes de visite qu'il a sous le nez. En gros caractères, on y lit : « Stephen Murphy pour les meilleures prédictions ».

À trente ans, après avoir tâté de plusieurs petits boulots où il a laissé davantage de mauvais souvenirs que de bons à ceux ayant eu l'idée saugrenue de lui faire confiance, Stephen a bien été forcé de prendre un peu de recul.

Il faut dire que, troisième et dernier fils d'une famille très aisée, il n'a jamais eu à se soucier d'argent. Papa et Maman allongent les sommes nécessaires afin que « le petit », sensiblement moins doué que ses aînés pour les études, ait droit lui aussi à tout le confort qu'il mérite...

Stephen n'a jamais été du genre fainéant. Il fourmille d'idées, de projets, malheureusement pas toujours à sa portée. Enthousiaste, partant pour les aventures les plus variées, Stephen Murphy est, de plus, d'un abord sympathique. Des qualités qui, ajoutées au carnet d'adresses plutôt fourni de ses parents, peuvent ouvrir des portes. Hélas, jusqu'ici, elles n'ont jamais tardé à se refermer presque aussitôt. Ainsi, attiré par la décoration, Stephen est-il parvenu à se faire embaucher dans un grand magasin. Il a exposé un plan original pour disposer des flacons de parfum sous la forme d'une pyramide. Il allait atteindre le sommet quand l'ensemble s'est effondré, faisant une jolie casse.

Fou de belles voitures, sur sa bonne mine, il a été embauché comme vendeur. Il a fait essayer de superbes modèles à cinq clients. Il a réussi à vendre trois véhicules. Et à en replier deux...

Stephen Murphy s'est ensuite frotté à l'immobilier. Et n'a jamais pu expliquer comment, le même jour, il avait pu céder le même appartement à deux personnes différentes... Pour l'agence qui l'employait, l'affaire s'est achevée au tribunal. Bien avant le prononcé du verdict, Stephen avait bifurqué. Vers la voyance.

Contrairement à ce que d'aucuns pouvaient penser, ce choix ne résultait pas du fruit du hasard mais bien d'une étude des dispositions naturelles du garçon. Mais si !

Ajoutons qu'Angela, sa maman chérie qui lui passait tout y compris ses pires bévues, était intervenue. La dame avait retenu que, gamin déjà, Stephen pouvait prédire des événements. Une année, il avait lancé à un copain qui s'élançait à vélo : « Tu devrais faire attention à l'autobus ! »

Le lendemain, le malheureux entrait en collision avec un bus et, par miracle, ne s'en sortait qu'avec des blessures superficielles.

Quand Henry, le plus âgé de la fratrie, hésitait sur les études supérieures à entreprendre, Stephen, sûr de lui, avait affirmé : « Je te vois médecin. Et tu seras même un grand praticien. »

En cette année 1978, Henry Murphy, trente-huit ans, est l'un des plus brillants éléments d'une clinique huppée de Detroit. Avec Ian, l'autre frère, c'est dans la sphère privée que Stephen avait pris la liberté de s'immiscer. Fou amoureux de Jessica, une fille imprévisible au caractère fort, Ian s'apprêtait à célébrer les fiançailles et avait déjà arrêté une date pour le mariage.

« Ne t'emballe pas ! » lui avait conseillé Stephen. Malgré l'affection qu'il portait à son cadet, Ian s'était moqué : « Ah parce que tu connais mieux les femmes que moi, maintenant ! » « Bien sûr que non, avait convenu Stephen. Mais ta copine me fait peur... »

La veille des fiançailles, la demoiselle envoyait tout balader. Elle n'était plus sûre de rien, sinon d'une chose : Ian ne serait jamais l'homme de sa vie...

Partageant la tristesse de la famille, Stephen a eu le triomphe modeste. Mais c'est en se remémorant cet épisode que sa mère lui a lancé : « Et pourquoi ne t'installerais-tu pas comme voyant ? Tu possèdes un pouvoir spécial... »

Stephen a acheté une boule de cristal « pour faire sérieux face à ses futurs clients », a lu quinze manuels au moins, a tenté des expériences sur des proches et s'est convaincu qu'il avait enfin trouvé sa voie.

Comme sa mère, encore elle, connaît du monde, elle a raconté les « exploits » du fiston en s'attardant sur la découverte du vrai visage de la folle dingue ayant failli mettre le grappin sur son deuxième enfant. Moyennant quoi, les garçons ou les filles pas trop sûrs d'eux sur le plan sentimental et surtout entrevoyant avec de réelles appréhensions les perspectives d'un mariage, se dirigent discrètement vers le cabinet de Stephen Murphy.

Shannon figure parmi les premières à s'adresser à Stephen. Elle s'interroge quant aux sentiments d'Eliott, son futur mari. « C'est qu'il ne montre pas grand-chose, confie-t-elle. Et sa famille ne me rassure pas. Les hommes, mais également les femmes, sont plutôt du genre querelleur... »

Stephen ne tarde pas à réagir. « Vous n'avez rien à craindre de votre futur époux. Il est d'une nature silencieuse mais, même s'il ne vous déclare pas sa flamme, il tient à vous. Malheureusement, les autres... » Shannon l'interrompt : « Ils sont un peu timbrés, hein ? » Stephen fait la grimace : « Colériques, surtout. Je vois une bagarre. Une grosse bagarre. Mais rassurez-vous, ni vous ni votre fiancé ne serez touchés... » « Il vaut donc mieux que j'évite ces dingues ? » « Je ferais cela, oui... »

Durant les cinq mois qui suivent, Shannon réduit le plus possible les fréquentations de sa belle-famille. Et s'en trouve plutôt très bien. Elle envoie même un mot de remerciement à Stephen pour ses bons conseils.

Évidemment, le grand jour, celui du mariage, impossible d'enfermer les proches d'Eliott dans un placard ! La cérémonie se déroule sans le moindre incident. Puis il y a le repas. Une trentaine de personnes mangent. Et certaines boivent plus que de raison. Le gâteau est loin d'être sur la table quand Carlos, le père du marié, visiblement éméché, se lève et attrape par le cou Gordon, son frère aîné. Il profite de l'effet de surprise pour le précipiter sur le sol et lui asséner deux coups de poing sur le visage. Les autres convives crient, hurlent, les plus courageux tentent de séparer les belligérants. Mais tous ne sont pas neutres. Ils frappent surtout Carlos qui hurle à l'adresse de Gordon : « Saleté ! Tu as toujours cru être le plus malin. Mais cette fois, j'ai tout compris de ton trafic de voitures volées. Car tu as essayé de me doubler, crapule ! »

Effrayée par le sang se mettant à couler de quelques tempes et mâchoires, Shannon appelle la police. Qui débarque et embarque dix personnes. Carlos et Gordon, dénoncés par deux autres participants à la noce – des cousins – ne vont pas être relâchés de sitôt. Puis seront envoyés devant un tribunal avant sans doute d'aller effectuer un séjour en prison.

La célébration totalement ratée du mariage de Shannon et Eliott a fourni une matière attractive à la presse locale. Et, le malheur des uns faisant le bonheur des autres, a profité à Stephen. Celui-ci n'a pas eu besoin d'organiser une campagne promotionnelle. Shannon lui a servi d'agent plutôt efficace. Elle a tout déballé aux journalistes et a insisté sur le fait que Stephen Murphy avait tout vu !

Une autre fois, Jayson, garçon timoré et un peu empoté, doit bientôt se laisser passer la bague au doigt par Molly, une belle rousse – Stephen regarde la photo – qui, si on voulait schématiser, pourrait être considérée, au niveau caractère, comme son opposé. « Je n'ai aucun doute sur son amour à mon égard, prévient d'emblée Jayson. Nous sommes très attachés l'un à l'autre. Simplement, je crains n'avoir pas grand-chose à dire dans mon ménage. Or, aux yeux de mes parents et amis, je ne veux pas apparaître comme le petit garçon bien sage qui obéit. J'ai déjà souffert de l'autorité exagérée de ma mère, je ne voudrais pas revivre cela, d'autant que nous parlons ici d'une période bien plus longue que l'enfance... Il faut que je m'impose comme le chef du foyer. Mais en aurai-je la possibilité ?»

Stephen se plonge dans ses pensées. « Ce sera compliqué... Mais peut-être pas autant que vous le redoutez car vous allez rencontrer sur votre route un obstacle. Vous allez en être effrayé mais cet état-là ne durera pas... »

Jayson ne sort pas de chez Stephen en bondissant de joie mais affiche quand même une sorte de sérénité : le voyant ne lui a pas prédit que son mariage ressemblerait à un long chemin de croix...

Le jour dit, la fête a tout d'une réussite. Jusqu'au milieu de la soirée où n'apercevant plus Molly, Jayson la cherche jusque dans l'obscurité du parking et la trouve à moitié nue dans une position scabreuse en compagnie de Rayan, son témoin et, par ailleurs, l'un de ses ex... Stephen avait raison : la colère du moment fut, in fine, libératrice...

Dans la foulée, Stephen Murphy affirme à Andy, un autre naïf, que Wendy, la femme qu'il épousera un mois plus tard, lui réserve une surprise. Très croyant, respectant à la lettre les préceptes de la religion catholique, Andy arrive vierge le soir de ses noces. Il ne se rend pas compte que ce n'est pas le cas de Wendy. Mais finit par le réaliser lorsque six mois et demi plus tard, son épouse, aussi blonde que lui, met au monde un ravissant petit garçon métisse... Certes, les secrets de la science et de la généalogie ont déjà prouvé que pareille situation pouvait exister sans pour autant que la femme ait menti à son mari. Pourtant, dans le cas présent, la coupable finit par avouer qu'en guise de cadeau d'adieu, elle avait fait l'amour une dernière fois avec son ultime petit ami, de couleur, ayant oublié de se protéger...

Malgré les quolibets des débuts, Stephen Murphy allait son chemin et plutôt joliment. À deux reprises au moins, la police, qui n'a pas oublié l'épisode du trafic de voitures, le contacte discrètement afin d'obtenir d'éventuelles lumières sur deux affaires criminelles dans lesquelles elle patauge.

Stephen aura-t-il été d'une quelconque utilité aux forces de l'ordre ? On l'ignore. Par la suite, dans une annonce qu'il fera paraître, Stephen Murphy y fera une discrète allusion mais l'essentiel de sa communication contenait un message plus important. Stephen Murphy affirmait mettre fin à ses activités professionnelles. Il remerciait celles et ceux lui ayant témoigné leur confiance en se livrant intimement à lui, se félicitait d'avoir pu aider un certain nombre... Et concluait par ces mots : « Je ne suis pas entré dans la vie d'autrui par curiosité malsaine ou voyeurisme. Très tôt, j'ai considéré mon job comme une mission prise très à cœur. Trop à cœur. À force de m'impliquer à ce point dans de multiples existences, j'ai fini par perdre le fil de la mienne. Il est grand temps que je m'y consacre désormais... »

Sans doute doté de dons réels exploités par défaut, Stephen Murphy, autrefois souvent jugé un peu benêt, avait réalisé qu'une trop bonne vue peut éblouir au point d'aveugler...

DEUX MOTS

Gustave vit dans ce que l'on appelle la France profonde, un petit village comme beaucoup d'autres, plutôt joli, avec ses maisons, son église, sa place du marché, ses commerces, son école, ses fermes avoisinantes...

On ne met pas d'âge à Gustave même si celui-ci doit être relativement avancé. Il a hérité d'une demeure ancienne un peu à l'écart de la localité. C'est son oncle, sans enfants, qui la lui a léguée. Avant d'en prendre possession, dans une autre localité, Gustave était maréchal-ferrant. Avec des économies et l'un ou l'autre héritage, il a pu cesser toute activité professionnelle plus tôt que la moyenne des gens. En 1960, le voilà donc heureux retraité. Retraité en tout cas. Heureux ? On l'ignore. C'est que Gustave n'est pas du genre à raconter sa vie ni à s'attarder sur ses états d'âme.

« Il a une bonne tête », disent les gens. Et même s'il aime visiblement la solitude qu'il ne partage pas même avec un chien ou un chat, Gustave montre une certaine sociabilité. Rituellement, en fin de journée, il traverse le village et rejoint le Café de la Poste. Lorsqu'il y entre, il lance un « Bonjour » ou un « Bonsoir », selon les saisons, à la cantonade, s'assied à une petite table de deux personnes mais n'a jamais convié quiconque en face de lui.

Il commande un vin blanc, une bière ou, les jours de fête, un vieux porto. Gustave se plonge assez souvent dans la lecture d'une revue traînant sur le comptoir, à moins qu'il ne déplie le journal régional dépassant toujours de la poche de sa veste. Il arrive occasionnellement à Gustave de bourrer sa pipe.

Cet homme qui, aux yeux de la population locale, demeure un étranger même s'il n'est né qu'une centaine de kilomètres plus loin, peut échanger quelques phrases avec les clients ou le patron. La pluie, le beau temps, la mère Machin enceinte, le père Truc mal en point, le nouveau gâteau au chocolat aussi appétissant que la boulangère qui l'a confectionné... Bref, les petites histoires du quotidien.

Lorsqu'il a vidé son verre, Gustave se lève, règle sa note et s'en va. Au fil du temps, les villageois ont remarqué qu'il ne dit jamais «au revoir». Ce qui a d'abord intrigué. Ensuite agacé. Enfin appelé une explication !

C'est Baptiste, le tenancier, qui a décidé de s'en charger. «Au revoir? Non, je ne prononce jamais ces deux mots. À quoi bon ? Puisque je sais que, le lendemain, je vais revenir. En fait, on prononce des tas de phrases inutiles dans une journée. Réfléchissez-y !»

Après tout, pensent les autres, ce n'est qu'un détail. Les mois passent. Un soir d'hiver, Gustave apparemment un peu patraque, demande à Baptiste un vin chaud. S'apprêtant à prendre congé, il visse sa casquette sur la tête, boutonne son manteau en laine, en relève le col, regarde les quelques personnes sirotant leur apéritif, lève la main et lance : « Au revoir ! »

Une fois la porte fermée, il y a un long silence. « Ça alors ! » s'exclame Baptiste.

Le lendemain, Gustave ne se rend pas au Café de la Poste. Pas davantage le surlendemain. Baptiste va frapper à la porte de Gustave. Puis force celle-ci. À l'étage, il trouve son étrange client dans son lit. Mort.

LA JUSTICE TRAQUE UN FANTÔME

Mars 1920. Journaliste et écrivain, Walter Knight, quarante-cinq ans, cherche un nouvel endroit où trouver l'inspiration. Le beau temps arrivant, il a envie de déserter – momentanément – Londres et dénicher un point de chute campagnard.

Avant d'éplucher les petites annonces du « Times », Walter va prendre le thé au Savoy en compagnie de Tiffany Gainsborough, qui, en attendant un mari toujours occupé aux quatre coins de la capitale, joue, et plutôt bien, à la voyante. Elle ne fait profiter de ses dons que ses vrais amis et refuse en échange la moindre livre sterling.

« Tu vas trouver quelque chose d'original ! Tu cherches à acheter ? » « Oui mais pas sans coup de foudre. » Tiffany insiste : « Tu vas aimer tout de suite cette jolie bâtisse, à l'écart des voisins les plus proches, entourée d'un joli jardin. Je te vois y écrire sous un grand érable. Mais n'achète pas. Contente-toi de louer cette fois. La vraie maison de tes rêves viendra plus tard. »

Puis Tiffany ajoute : « Retiens bien ceci : cette maison va te rapporter de l'argent ! J'ignore de quelle manière mais je t'assure qu'il va s'agir de belles rentrées financières ! »

Quelques jours plus tard, Walter Knight repère un bien qui l'attire, et ce à une cinquantaine de kilomètres de Londres. Le propriétaire, Jerry Harding, lui donne rendez-vous sur place. Et, emballé par ce qu'il découvre, Walter signe le bail.

Il s'installe rapidement au vert.

Trois semaines s'écoulent. Jerry Harding passe dans le coin et s'arrête afin de prendre des nouvelles. Son nouveau locataire se plaît-il ? A-t-il des remarques à formuler ou même des critiques à émettre ?

Si Harding pose ces questions c'est parce qu'il craint les réponses. Le début de la conversation l'enchante : « Cette maison présente énormément d'avantages. J'y passe de bons moments, je vous le certifie. »

Harding, quinquagénaire anxieux, esquisse un sourire qui disparaît rapidement.

« Évidemment, poursuit Walter Knight, il y a le cohabitant dont vous ne m'aviez pas parlé... »

Harding bredouille et fait celui qui ne comprend pas : « Le... Le co... co... Le cohabitant ? »

« Oui, enchaîne Walter. Édouard qui vit ici depuis... deux cent douze ans ! »

Jerry Harding avale de travers : « Et il vous dérange ? » « Au début, je vous avoue avoir été surpris, forcément. Être réveillé en pleine nuit par quelqu'un ouvrant les portes sans jamais les refermer et faisant du bruit sans se soucier de votre sommeil, cela peut agacer... »

Jerry Harding comprend qu'il doit jouer franc jeu. « En fait, naturellement, je connaissais l'existence de cet Édouard. Mais j'étais certain que, depuis plusieurs années, il ne se manifestait plus. Sans cela, je ne me serais jamais permis de vous proposer cet endroit. Par ailleurs magnifique, vous en conviendrez... »

Walter n'en croit pas un mot et pense être tombé sur un vrai roublard. Mais, à cet instant précis, celui-ci est dans ses petits souliers. Peureux, il demande : « Et vous parvenez à dormir malgré la présence de ce... fantôme ? »

« Parfaitement bien ! » s'exclame Knight. Et il explique : « J'ai très vite réalisé que cette péripétie était exceptionnelle et qu'il fallait m'y habituer. J'ai parlementé avec Édouard qui, depuis, se conduit beaucoup mieux à mon égard. En quelque sorte, il respecte notre colocation.»

« Ah bon ! s'étonne Harding. Et comment donc ?» « Eh bien, par exemple, quand il sait qu'il va traverser un mur, afin que je n'en sois pas perturbé, Édouard y frappe préalablement. Nous avons également convenu qu'il ne devait pas seulement vivre la nuit et qu'un aménagement de ses horaires me serait profitable.»

Harding ricane : « Un aménagement de ses horaires ? Mais vous vous moquez de moi !» « Pas du tout ! s'insurge le journaliste. Maintenant, Édouard fait irruption aussi durant la journée, ce qui rend mes nuits un peu plus calmes. En réalité, voyez-vous, mon cher Monsieur, je me suis rendu compte qu'Édouard n'avait jamais eu droit à la considération. Les précédents occupants de cette propriété ont souvent manifesté de l'hostilité à son égard. On peut admettre qu'à la longue – et deux cent douze ans, ça ne passe pas vite ! – Édouard se soit braqué contre les visiteurs dont il devait subir la présence. Car dans son esprit – si je puis me permettre d'employer ce mot pour lui –, c'est de cela qu'il s'agit. Édouard sait maintenant que je suis différent des autres.»

Jerry Harding paraît aux anges et confie à Walter : « Vous êtes vraiment le premier à tenir un tel langage. Bien entendu, je compte sur votre discrétion afin de ne pas entacher la réputation de mon bien...»

Knight éclate de rire : « Là, vous en voulez un peu trop ! Beaucoup trop, même ! Je suis chroniqueur et écrivain, je tiens un sujet en or et j'entends évidemment le traiter pleinement.»

Harding réalise illico que son interlocuteur ne plaisante pas. Il réplique malgré tout : « Vous ne vous rendez pas compte du tort que vous allez me causer...»

Walter hausse les épaules : « Ne me racontez pas d'histoires ; vous saviez pertinemment que votre maison était hantée mais vous n'avez pu résister à l'appât du gain... À vous d'assumer...»

Le filou part furieux. Et sa colère va croître au fil des semaines car Walter Knight, non dépourvu de talent, passionne les lecteurs avec ses récits. Il se montre à ce point inspiré que trois publications à travers la Grande-Bretagne publient ses aventures et mésaventures en compagnie d'Édouard !

Le théâtre des vicissitudes de Walter attire également les promeneurs espérant apercevoir, certes l'auteur des articles, mais surtout le désormais illustrissime Édouard !

In fine, les réflexions vont toutes dans le même sens : « Moi, en tout cas, je ne louerai jamais une baraque pareille ! »

Lorsque Walter Knight considère qu'il a suffisamment exploité le filon, il décide de changer de registre. Et, dans la foulée, la fin de son bail arrivant, il juge sain de tourner cette page de son existence. Car il a beau avoir fait preuve d'énormément de compréhension à l'égard d'Édouard, il lui faut tout de même admettre que cette existence-là compte de sérieux inconvénients. Et les comédies tirant en longueur ne sont jamais les meilleures.

Jerry Harding place bien une nouvelle annonce dans le but de trouver un autre pigeon mais, comme il s'en doute, c'est peine perdue. Déconfit, il met l'affaire dans les mains d'un avocat afin de porter plainte contre Walter Knight mais également contre les gazettes « ayant reproduit des informations fantaisistes et sans aucun fondement », responsables du préjudice grave subi par Mr Harding.

Au tribunal, un juge traite le dossier rapidement et donne raison au plaignant. Il condamne Knight ainsi que les trois journaux en fonction de la longueur des articles incriminés. Les éditeurs ne se laissent nullement impressionner, réaffirment leur confiance en Walter Knight et font appel de la décision.

Le tribunal examine le cas une seconde fois et admet qu'il manque d'éléments réellement probants avant de se prononcer.

Il prend alors une décision qui fait couler beaucoup d'encre : il désigne des enquêteurs devant se rendre à la propriété incriminée. Quelques semaines plus tard, la justice se penche à nouveau sur l'épineux dossier. Et communique ses conclusions qui vont stupéfier l'opinion publique. Car les très sérieux juges anglais innocentent les trois journaux ainsi que leur chroniqueur.

Les personnes assermentées et dépêchées à la campagne reconnaissent à l'unanimité que la maison est hantée et que les nuits y sont effrayantes... Elles ont toutes constaté la présence d'un fantôme répondant effectivement au prénom d'Édouard !

De plus, la justice condamna Jerry Harding pour avoir atteint à l'honneur et à la réputation de Walter Knight. Qui offrit un dîner au champagne à Tiffany Gainsborough pour avoir tout vu. Sauf le fantôme...

SI PRÈS DE LUI...

George et Hart Northey sont nés et ont grandi dans le village de St. Eglos, non loin de Trebodwina, dans les Cornouailles. Ils se sont toujours merveilleusement entendus, ont été complices dès leur plus jeune âge et ont continué à s'entraider, à s'encourager, à partager une grande tendresse au fil des années.

George, l'aîné, devient marin tandis que Hart choisit la terre ferme pour travailler avec son père. Et un jour, inévitablement, voilà pour la première fois les deux frères séparés. Au début de l'année 1840, George prend le large. Au mois de février, son navire fait escale à Sainte-Hélène. Et c'est là-bas que, durant son sommeil, George voit des scènes qui le terrifient.

Par la suite, il a eu l'occasion de détailler ce cauchemar[9] : « Je rêvais que mon frère Hart se trouvait au marché de Trebodwina et que j'étais à ses côtés pendant toute la durée de ses transactions. Je voyais et entendais tout ce qui se passait, tout en ayant la certitude que ce n'était pas ma présence physique qui accompagnait mon frère, mais mon ombre, ou plutôt mon moi spirituel, car il ne semblait nullement s'apercevoir que je me tenais constamment à ses côtés. Je sentais que le fait de ma présence, de façon si insolite, annonçait quelque danger secret qui le menaçait et, en même temps, que je ne pouvais rien faire pour le détourner, car j'étais incapable de parler et de l'avertir de ce péril. »

Hart a effectué de bonnes affaires au marché et rentre chez lui à cheval avec beaucoup d'argent.

À un endroit où nul ne peut les déranger, deux hommes surgissent et s'approchent de Hart. Ils lui déclarent savoir qu'il

9 Collectif – *Le Grand Livre du mystérieux* – Sélection du Reader's Digest – 1985

trimballe une petite fortune et qu'il lui faut la leur remettre. Hart donne un coup de cravache et tente de fuir mais l'un des deux bandits sort un pistolet. Et tire sur le malheureux sans défense. Northey tombe violemment de la selle mais l'autre s'acharne encore sur lui afin d'être certain qu'il soit bien mort…

Les assassins dépouillent le cadavre qu'ils cachent plus ou moins bien le long de la rivière voisine.

Rentré seul au village, le cheval attire l'attention. On se rend rapidement compte qu'il est arrivé quelque chose à Hart dont on ne tarde pas à retrouver le corps.

Rondement menée, l'enquête mène à la cabane des frères Hightwood, de bien sinistre réputation. On retrouve dans leur logis des vêtements tachés de sang. On cherche l'arme du crime mais les Hightwood jouent – mal – les innocents. Certes, ils ont bien possédé un pistolet comme celui dont il est question mais cela fait un moment qu'ils l'ont égaré…

Les deux crapules se défendent mollement, ne fournissent pas de réponse précise, bref, affichent des comportements de coupables. Se rendant compte qu'il vaut mieux ne pas persévérer dans le mensonge, les Hightwood finissent par avouer, pensant qu'ainsi la justice sera clémente à leur égard. Ce en quoi, là encore, ils se trompent puisqu'ils sont condamnés à la pendaison.

Entre-temps, George Northey est revenu de son voyage. Et résout la dernière énigme du dossier. « Le pistolet qui a servi à abattre mon frère se trouve dans une vieille cabane en chaume, à quelques mètres du lieu du drame… »

Et comme on le presse d'expliquer comment il sait, avant d'entrer dans les détails, il murmure, les larmes aux yeux : « Je n'ai rien pu faire mais j'ai tout vu… »

LE TATOUAGE

Linda B., habitante de Birmingham, ville anglaise où elle a vu le jour, est depuis de longues années lectrice assidue d'un grand magazine féminin britannique. Lorsque, dans le courant de l'année 1994, son hebdomadaire préféré lance un appel aux témoignages concernant la voyance, Linda B. n'hésite pas une seconde. Elle plonge sur le papier à lettres, prend son beau stylo (celui avec lequel elle rédige les cartes de vœux à sa famille nombreuse) et se met à écrire. Tout en composant les premières phrases, elle pense que son courrier a toutes les chances d'être retenu par la rédaction. Et, en effet, il le sera.

Il faut dire que Linda B., trente-deux ans, et la voyance, c'est déjà une longue histoire. Sa maman consultait régulièrement. Et un jour, elle a proposé à Linda, alors âgée de seize ans, de l'accompagner.

L'adolescente est stressée par l'approche des examens de fin d'année scolaire. La dame la rassure. « Je vois 17/20. » D'un coup, Linda est propulsée sur un nuage. Et, peut-être, étudie un peu moins. Résultat : elle termine dix-septième sur vingt élèves et compte quelques gros échecs...

Si Linda voulait continuer à se servir de la voyance, il fallait impérativement qu'elle ne prenne pas les prédictions au pied de la lettre.

À l'aube d'un été où elle partait en vacances avec un amoureux, elle écoute un homme concentré sur sa boule de cristal. Il la prévient : « Méfiez-vous du foin ! » Sujette à certaines allergies, Linda retient cette phrase. Elle se rend à la campagne avec son copain. Un après-midi où elle abrège quelques courses, elle le cherche et a l'attention attirée par une grange d'où elle perçoit du bruit. Elle entre. Et voit son compagnon se roulant dans le foin avec une jeune femme, tous deux très peu vêtus…

Dans le même registre, Linda apprend par la suite de la bouche d'une nouvelle – pour elle en tout cas – voyante que l'homme de sa vie, celui qu'elle épousera, «a un petit tatouage sur la fesse droite» ! La dame ne peut guère lui en dire davantage, sinon qu'il doit s'agir d'un «singe ou un animal de ce genre-là»…

Linda B. éclate de rire : «Vous imaginez le genre de question que je devrais poser à un type qui me plaît bien ! Ou à la vérification que je devrais effectuer avant de m'embarquer dans une aventure sérieuse !»

Plusieurs mois s'écoulent ainsi. Linda B., célibataire ne souhaitant nullement le rester, est à l'affut du prince charmant. Mais, voilà, depuis que la voyante lui a parlé de ce détail plutôt inutile, Linda, qui attend toujours beaucoup, voire trop, de ses consultations, se tracasse.

Elle a beau trouver des minois attirants, des sourires engageants, des allures séduisantes, Linda ne peut s'empêcher dans la seconde qui suit de se demander si le bonhomme a bien un tatouage sur la fesse droite ! Et considère bientôt que ce qui tourne à l'obsession lui gâche la vie ou, en tout cas, le plaisir qu'elle éprouve à mater les beaux mecs !

Dans la file d'un supermarché, Linda B. peste contre la caissière trop bavarde avec les clients, quand ce n'est pas avec ses collègues. Un jeune homme se trouvant juste derrière elle, hausse le ton. «Vous avez raison. Eh, là-bas, vous avez tout votre temps ? Pas nous !» La fautive n'accepte pas la remarque, répond vertement. «Si ma tête ne vous revient pas, vous pouvez changer de caisse !» «Et même de magasin !» rétorque le garçon furieux. Et laissant son caddie au milieu du jeu de quilles, il hurle : «Je me plaindrai !» Et Linda B., pourtant pas du genre à se faire remarquer, s'entend crier : «Moi aussi !»

Imitant l'inconnu, elle le suit.

« Tout de même ! On ne traite pas les clients de la sorte ! » « Vous avez raison, Monsieur. Sans nous, cette dame n'aurait pas de travail ! »

Au milieu du parking, ils se retrouvent tous deux sans achats ! « Je connais un petit magasin sympa pas loin d'ici où on trouve de tout. Ça vous intéresse ? Au fait, je m'appelle Patrick. » « Et moi, Linda. Enchantée. »

Et la voilà ne quittant plus des yeux la plaque minéralogique de Patrick. Trois kilomètres plus tard, effectivement, le magasin indiqué par Patrick offre des rayons variés. Il est midi trente quand les emplettes de l'une et de l'autre s'achèvent. « Je vous gêne si je vous invite à la pizzeria juste à côté ? » « Nullement, j'ai une faim de loup ! »

Serviable et mignon, le Patrick en question. Et un cœur à prendre ! Si bien que, le lendemain, c'est un dîner qu'il partage avec Linda. Puis un autre, et encore un autre.

Au cours de l'un d'entre eux, Patrick, qui aime rire, en vient à avouer : « Autrefois, lorsque j'étais étudiant, j'aimais les canulars et les paris complètement dingues. Un soir, ou plutôt une nuit, avec une bande de fous, j'en ai perdu un qui m'a été douloureux... J'ai presque honte de raconter la suite... J'ai été obligé de me faire tatouer un petit chimpanzé sur la fesse ! »

« Droite ? » enchaîne Linda au quart de seconde. « Euh, oui... Pourquoi ? »

Et c'est ainsi que continua paisiblement une belle et durable histoire d'amour. Au fait, le chimpanzé n'avait pas été choisi par hasard : il figurait dans l'enseigne du pub où Patrick et quelques garnements avaient leurs habitudes...

LE LUNDI DE TOUS LES DANGERS

Dans ce petit village de la campagne romaine, Don Dario Bariani n'a pas encore déballé ses caisses qu'il est déjà sollicité de toutes parts. C'est que, en ce début des années 50, la population, très catholique, a envie de connaître rapidement son nouveau curé. Don Dario Bariani vient de Rome où, jusqu'alors, il a été vicaire dans trois paroisses. Le voici donc pour la première fois seul maître à bord. Après Dieu, évidemment !

Un jour en fin d'après-midi, pour la énième fois, alors qu'il tente de classer quelques livres dans la bibliothèque, il entend que l'on sonne à la porte du presbytère. Il ouvre et tombe nez à nez avec une dame d'environ soixante-cinq ans, coiffée d'un chapeau noir, vêtue d'un manteau gris et portant des gants assortis. « Bizarre », pense Don Bariani alors que nous sommes au début du mois de juin et que le thermomètre affiche largement plus de vingt degrés.

Son interlocutrice se présente : « Je m'appelle Mirella Casamagua. Ma maison n'a pas pu vous échapper; c'est la grosse villa entourée d'arbres se trouvant à l'entrée du village. » L'ecclésiastique voit effectivement de quoi Mirella Casamagua parle : impossible d'échapper à la vision de cette impressionnante bâtisse. Elle poursuit : « Fabio, mon fils, adulte depuis longtemps, ne fait pas toujours preuve de sagesse. De son père, il a hérité de beaucoup d'argent et il le dépense parfois inconsidérément. Je vous rassure : il ne fait rien de mal ! Mais il pense surtout à s'amuser et dès qu'il éprouve un coup de cœur, il ne peut s'empêcher d'acheter, et d'acheter encore. Sa dernière folie en date me cause de grandes frayeurs. Il a acquis l'une de ces motocyclettes avec lesquelles on file à très grande vitesse. Il se verrait bien participer à des compétitions. Lundi, c'est-à-dire dans trois jours, il doit se présenter à une séance d'entraînement. Il ne faut absolument pas qu'il s'y rende. Vous m'entendez ? Absolument pas ! »

Don Dario Bariani ne veut pas contrarier cette dame visiblement inquiète pour son fiston mais il ne comprend pas en quoi, lui, le curé du village, il pourrait interférer dans l'organisation de manifestations de motocyclettes ! « Feu mon époux et moi-même avons dispensé à Fabio une éducation très catholique. Lorsqu'il était enfant, Fabio considérait notre bon curé d'alors, Don Martini, comme son maître à penser. C'est bien simple, lorsqu'il lui arrivait de faire une bêtise, il s'angoissait souvent et demandait : "Que va dire Don Martini ?" Fabio n'a pas changé. Pour lui, la parole du curé du village demeure sacrée. Allez le voir, je vous en supplie. Il vous écoutera. Merci… »

Et la petite dame tourne les talons, se fondant rapidement dans la nature.

Don Dario Bariani termine de ranger quelques dizaines d'ouvrages puis se décide à se rendre chez les Casamagua. À peine a-t-il franchi la grille de la propriété qu'il aperçoit celui qui, vraisemblablement, est Fabio, environ quarante ans, cheveux noirs, plutôt costaud et circulant dans le grand jardin sur une… motocyclette !

Celui-ci rejoint le visiteur : « Je parierais que vous êtes le nouveau curé ! » « On ne peut rien vous cacher », sourit Bariani. Et commettant un péché – véniel –, il ment : « J'effectue la tournée de tous les habitants et je termine celle d'aujourd'hui par vous… Je ne vous dérange pas ? » « Je suis Fabio Casamagua et je suis très occupé en ce moment car je m'entraîne pour une future compétition. Cela vous gênerait de repasser plus tard, disons, la semaine prochaine, mardi ou mercredi ? Nous pourrons bavarder plus aisément.»

Le prêtre se montre embarrassé : « C'est-à-dire que... C'est urgent ! » « Ah bon ? s'étonne Casamagua. Vous m'intriguez.» Il coupe le moteur de son engin à deux roues, en descend et fait entrer Don Bariani chez lui. Il lui propose un alcool que le curé refuse. Celui-ci se racle la gorge à deux reprises et finit par annoncer : « Mon discours va vous sembler bizarre mais j'ai promis de vous le tenir... »

Fabio qui, lui, s'est versé un fond d'apéritif, fronce les sourcils et entend ceci : « Voilà... Lundi, vous avez prévu de vous rendre à une importante séance d'entraînement en vue d'une course de motocyclettes. » L'autre fait « oui » de la tête. « Eh bien, vous devez impérativement y renoncer ! » À cet instant précis, voyant l'air hostile de son hôte, Don Bariani regrette de ne pas avoir accepté un verre de quelque chose. D'ailleurs, il enchaîne malhabilement : « Tout compte fait, je boirais bien un verre... La même chose que vous, ça a l'air bon ! » Fabio se lève lentement de son fauteuil et tout en empoignant la bouteille de porto, regarde Dario et ricane : « Vous êtes vraiment le nouveau curé ? » « Je vous le jure ! »

Pendant que Don Bariani avale deux gorgées, Fabio Casamagua le regarde fixement : « Continuez votre histoire, elle m'intéresse ! » « Oui, vous devez renoncer à ce rendez-vous. Vous savez, ces bolides sont trop rapides et on ne les contrôle pas toujours bien. Et un accident survient si vite... Vous y avez déjà pensé ? » Fabio hausse les épaules : « Je n'ai plus dix ans ! Et je pense avoir prouvé, notamment dans la gestion du patrimoine familial, que je ne suis pas un étourdi ! » Le pauvre curé s'embrouille dans des excuses : « Ce... Ce... n'est évidemment pas ça que je voulais exprimer, M. Casamagua. Non ! » « Alors pourquoi tous ces préambules ? » Dario se lance : « Parce que lundi, vous courez un très grand danger ! »

Fabio n'apprécie visiblement pas la conversation et ne songe plus à cacher son fort agacement vis-à-vis du curé : « La Sainte Vierge vous est apparue ? »

Bariani prend la remarque relativement mal et réplique : « Non, si vous voulez tout savoir, c'est votre maman qui est venue me trouver ! »

Et, là, Fabio se fâche : « Vous êtes un imposteur et je ne sais dans quel but vous venez m'importuner ! Ma mère est morte depuis dix ans ! Et je vais plus loin : une longue maladie l'a emportée après qu'elle et moi eûmes liquidé tout le stock de bougies de votre église, usé une collection de chapelets et connu au moins dix extinctions de voix à force d'avoir récité toutes les prières disponibles dans le catalogue afin que ma chère maman guérisse ! Tout ça pour rien ! Alors, après tout ceci, et ne voulant pas même en savoir davantage sur la motivation de votre démarche, je vous demande de quitter immédiatement cette maison ! »

Profondément remué par cette histoire, Don Bariani ne rentre pas directement au presbytère. Il va frapper à la porte d'Alfonsa, dame d'un certain âge veillant depuis de longues années déjà, à l'entretien de l'église. Et lui raconte ce qu'il vient de vivre dans un laps de temps de deux heures tout en emballant la première partie du récit de beaucoup de précautions car l'Église catholique ne reconnaît pas l'existence de fantômes et autres revenants...

Don Bariani apprend qu'effectivement Mirella Casamagua est décédée dix ans plus tôt à l'aube de la soixantaine d'une maladie diagnostiquée trop tard. Veuve depuis que son mari, sensiblement plus âgé qu'elle, était mort d'une crise cardiaque, elle fréquentait l'église très souvent. On la voyait à la messe, certes le dimanche matin, mais parfois aussi durant la semaine. Elle s'y rendait toujours coiffée d'un chapeau noir et il fallait qu'il fasse particulièrement chaud pour qu'elle laisse dans sa garde-robe son manteau gris et ses gants assortis. Elle s'est battue avec beaucoup de courage contre le mal qui la frappait. En vain. Depuis, son fils qui vénérait sa maman, et réciproquement, a beaucoup changé. On ne le voit plus aux offices, sauf peut-être à Noël... Il organise des fêtes chez lui et doit dépenser beaucoup d'argent. « Remarquez, il est riche, termine Alfonsa. La preuve : il ne travaille pas... »

Le lundi suivant, Fabio Casamagua quitta sa propriété à l'aube. Il se rendait non loin de Rome pour une réunion de motards engagés dans une future course. Il n'y parvint jamais. À un carrefour, fonçant comme si rien ne pouvait lui arriver, il manqua un virage, sortit violemment de la route et acheva son parcours contre un arbre. Il fut tué sur le coup.

SECRETS ROYAUX

Non loin de Chartres, Martin, un brave laboureur, donne entière satisfaction dans son travail et jouit d'une bonne réputation notamment auprès de M. le curé. Un jour, Martin demande à parler en particulier à l'ecclésiastique. Et lui confie que l'archange saint Michel lui est apparu et lui a remis un message que seul le roi de France, Louis XVIII, doit entendre !

L'abbé tente d'en savoir davantage. Puis d'autres personnes. Peine perdue. Martin ne s'adressera qu'au souverain. Mais, bien entendu, on n'obtient pas une entrevue avec le chef de l'État aussi simplement. Dans son village, Martin est perçu comme un gentil garçon ayant toute sa tête mais, évidemment, quand on ne le connaît pas, on peut le prendre pour un demeuré.

C'est ainsi que Martin se retrouve dans un asile psychiatrique. Il ne s'agit pas de l'envoyer dans un endroit d'où il ne sortira plus et où on sera certain qu'il se taira. Non, Martin est sérieusement examiné et, si les spécialistes dans les mains de qui il passe le jugent « bizarre », ils admettent néanmoins unanimement qu'il est sain d'esprit.

Pour Martin, voici une étape essentielle franchie. Qui ne le propulse pas pour autant chez Louis XVIII. Mais, à force de persévérance et d'insistance, le modeste paysan finit par être reçu dans un salon de chez sa Majesté. Le tête-à-tête dure une heure et on raconte que Louis tint à raccompagner personnellement son visiteur. On ajoute qu'il a les yeux rougis comme s'il avait pleuré...

Martin ne cache évidemment ni son bonheur ni sa fierté d'avoir pu ainsi servir d'intermédiaire entre l'archange saint

Michel et le roi de France ! Mais cette sorte de consécration ne le rend pas plus bavard. Il garde le secret. Enfin, un certain temps.

Car l'âge venant, il va progressivement lever le voile. À telle enseigne que l'on pourra retranscrire la teneur d'une bonne partie de la conversation partagée avec Louis XVIII. Si l'on en croit Louis Pauwels[10], Martin aurait affirmé ceci :

« La place que vous occupez n'est pas la vôtre et ne vous appartient pas… » Le roi s'insurge : « Comment, comment ! Mon frère et ses enfants étant morts, ne suis-je pas le légitime héritier du trône ? » Martin répète : « Je ne connais rien de tout cela, mais je sais que la place ne vous appartient pas. Ce que je vous dis là est vrai. Aussi vrai que ceci : un jour, vous étiez à la chasse avec le roi Louis XVI, votre frère, dans la forêt de Saint-Hubert. Louis XVI allait devant vous, à une dizaine de pas. Vous avez eu l'intention de le tuer. Louis XVI était monté sur un cheval plus haut que le vôtre. Vous avez été gêné par une branche. Vous aviez un fusil à deux coups. Votre intention était d'abord de tirer sur votre frère et ensuite de tirer en l'air. Vous auriez fait croire qu'on avait voulu vous assassiner l'un et l'autre. Vous avez conservé longtemps le projet d'abattre Louis XVI, mais jamais la bonne occasion ne s'est présentée. »

Le roi se montre bouleversé et murmure : « Il n'y a que Dieu et moi qui sachions cela… »

Il fait jurer à Martin de se taire. Celui-ci poursuit : « Sire, mon apparition m'a confié ce mystère comme elle m'a confié cet autre mystère : le fils de Louis XVI est vivant. Il a droit au trône. Vous usurpez sa place. »

Une abondante littérature existe au sujet de la progéniture de Louis XVI.

Mais le rôle de Martin ne s'arrête pas avec le règne de Louis XVIII. Mal pris, Charles X, frère du précédent, au courant

---

10 Louis Pauwels et Guy Breton – *Histoires magiques de l'Histoire de France* – éditions Albin Michel – 1977

de l'existence et des pouvoirs de Martin, envoie un messager[11]. Et le laboureur s'avance encore un peu plus : « Charles X ne remontera pas sur le trône. Une main le repousse. Il n'a d'autre parti que sortir de France tout de suite. Le duc d'Angoulême et lui mourront à l'étranger, sans avoir revu la France. Henri V ne règnera pas. »

On sait que Charles X abdiquera le 2 août 1830, qu'il choisira l'exil et décédera en Autriche...

---

11 Alain Decaux – *Louis XVII retrouvé* – éditions L'Élan - 1947

DU NORD AU SUD[12]

C'est presque devenu une plaisanterie au sein du couple Tripier. Régulièrement, le matin, au saut du lit ou durant le petit déjeuner, Agathe, quarante ans, lance à Renaud, de deux ans son aîné : « Devine de quoi j'ai rêvé ! » Et, invariablement, le mari répond : « De notre future maison de campagne, bien sûr ! »

Cela fait maintenant bien six mois que, de façon récurrente et en dormant, Agathe Tripier voit une maison devant dater du début de la seconde moitié du XIXe siècle, quatre façades, un jardin à l'avant du bâtiment dans lequel on entre par une grande grille en fer forgé. Au centre de la pelouse, trône une fontaine qui doit être ancienne ou hors d'usage car Agathe n'y a jamais aperçu la moindre goutte d'eau. Pour pénétrer dans la maison, il faut gravir une volée de six escaliers. La demeure s'ouvre sur un hall assez vaste, haut de plafond d'où l'on aperçoit trois portes. La principale, à double battant, donne sur un salon-salle à manger de belles proportions et richement meublé.

Une autre porte, rarement fermée, laisse entrevoir un bureau-bibliothèque impeccablement rangé où, visiblement, l'on ne travaille pas. La troisième porte demeure toujours close. Et puis il y a la vue sur l'arrière du jardin qui n'a pas échappé à Agathe. Certes, les voisins ne sont pas loin mais chacun dispose de vrais espaces.

Ce 4 mars 1964, en ouvrant les yeux, Agathe signale à Renaud qu'une fois encore, elle s'est transportée dans leur supposé futur paradis et qu'elle y a découvert un très beau vase en porce-

---

12 La base de ce récit s'inspire d'une histoire exhumée par Pierre Bellemare et Jean-Marc Épinoux dans *Voyages au bord de l'impossible – 4* – PBRK – 2007

laine dorée sur quatre pieds mesurant pas loin de deux mètres. Particularité : l'un de ceux-ci a été ébréché. Renaud s'amuse de cette histoire à épisodes. « Moi, je pense que ton envie de maison de campagne est si forte qu'elle a fini par perturber tes nuits ! »

Il est vrai qu'habitant au plein centre de Lille, les Tripier éprouvent régulièrement le besoin de respirer au grand air. Ce qu'ils font quand ils en ont le loisir et que la météo le leur permet. Et surtout lorsque leurs deux enfants, Luc et Alice, douze et quatorze ans, le veulent bien ! Car comme ils ont des goûts très différents, il devient de plus en plus difficile, les années s'écoulant, de faire plaisir à l'un et à l'autre en même temps...

Un soir, Renaud rentre très excité de la banque où il travaille. « Chérie, j'ai à te parler... Tu sais que la boîte subit une totale réorganisation. Et, à mon avis, ce n'est qu'un début. Dans les deux ans, des dirigeants vont partir à la retraite et il y aura des places intéressantes à prendre. En attendant, on me propose une mutation avec des responsabilités et 20 % de salaire en plus. »

Agathe applaudit des deux mains : « Bravo, je suis fière de toi ! Pareille offre ne se refuse pas, évidemment ! » « Le seul inconvénient, enchaîne Renaud, c'est que nous devons partir à l'autre bout de la France et nous installer à Antibes... »

Agatha n'applaudit plus. Mais ne boude pas pour la cause ! « Il s'agit effectivement d'un gros changement. Et d'un bouleversement pour les enfants... »

Mais après mûre réflexion, Agathe et Renaud conviennent que le jeu en vaut la chandelle. « Si je donne une réponse positive demain au patron, précise Renaud, dans 48 heures, je peux profiter d'un de ses déplacements dans le Sud pour visiter l'agence d'Antibes où j'aurai déjà rendez-vous avec un agent immobilier. Nous pourrions déménager pendant l'été et être fin prêts dès la rentrée... »

En annonçant la nouvelle aux enfants, Renaud et Agathe s'emballent : « Nous allons profiter d'une des plus belles villes de

France au bord de la mer avec le soleil ! Et, de toute façon, dans deux ans, nous devrions bouger à nouveau... »

Luc et Alice ne sautent pas de joie même si la perspective d'une météorologie plus clémente leur plaît évidemment bien. Agathe se veut rassurante : « Notre famille restant à Lille, nous reviendrons régulièrement, pas de panique ! »

Très vite donc, Renaud Tripier met les pieds à Antibes qu'il ne connaissait jusqu'alors que par quelques cartes postales interposées. Ses vacances idéales, depuis l'enfance, il les passait plus souvent en Normandie ou en Bretagne que sur la Côte d'Azur. En parcourant les remparts puis les petites rues de la vieille ville, Renaud sent une sorte de bien-être l'envahir. Il jurerait après même pas une demi-journée que lui et les siens vont être heureux à Antibes.

Un peu plus tard, il rencontre Nestor Legrand, un agent immobilier sexagénaire qui a déjà étudié son dossier et lui jure : « J'ai exactement ce qu'il vous faut ! Une villa dans l'arrière-pays à dix minutes du centre-ville, paysage splendide, cinq chambres, bureau, grand jardin... La propriétaire peut vous la louer meublée. Je vous y emmène ! »

Avec Renaud Tripier, Nestor Legrand embarque Jean-Michel Castot, le big boss de la banque lilloise. Les deux hommes se fréquentent régulièrement depuis dix ans.

Sur place, Castot glisse à Tripier : « Vous pouvez faire confiance à Nestor. Il a l'œil et si vous lui dites rapidement oui, il va vous obtenir une baisse de prix substantielle... »

Sous le charme d'Antibes, Renaud aurait peut-être même pu signer un bail pour héberger femme et enfants dans une cahute plantée sur un terrain vague ! Ce n'est heureusement pas le cas. Mais, de plus, poussé par Jean-Michel Castot, Tripier admet que la maison lui convient parfaitement et répond à tous les besoins énoncés deux jours plus tôt par son épouse. Il se rend chez Lucienne Beauvallon, la propriétaire, ravie de faire affaire aussi rapidement. Les différents documents paraphés,

Lucienne attire Renaud un peu à part et murmure : « Il ne faut pas vous étonner. Cette maison qui appartient à notre famille depuis plusieurs générations reçoit de temps à autre une visite. Pas vraiment un fantôme, non ! Mais comme une silhouette qui se faufile, toujours au rez-de-chaussée. Et pas depuis très longtemps, visiblement... Sans doute une ancêtre. Mais elle ne fait de mal à personne et ne s'attarde jamais ! C'est vous dire qu'elle ne vous dérangera pas... »

Renaud sourit un peu bêtement : « Bref, cette bicoque que je viens de louer est hantée ! » Nestor a entendu la conversation : « Je viens de vous obtenir un prix très attractif qui, j'en suis certain, vous fera oublier un tout petit désagrément... »

Sur le moment, Renaud Tripier s'en veut et a l'impression de s'être fait gruger par un trio étant de mèche. Castot a recommandé son copain Legrand qui, lui-même, savait que Lucienne Beauvallon devait éprouver certaines difficultés à se débarrasser de sa baraque régulièrement traversée par un esprit visiblement attaché au lieu !

Dans les heures qui suivent, Renaud se voit absorbé par la restructuration qu'on lui demande d'ébaucher dans son boulot. Et ne pense plus au reste.

Son départ pour Lille est précipité et il oublie chez Nestor Legrand le dossier de la maison contenant les photos. Quinze jours plus tard, il peut enfin emmener Agathe, Luc et Alice à Antibes et leur montrer l'endroit où, d'ici peu, ils habiteront. Lorsque le taxi les y dépose, Agathe descend, regarde et semble tétanisée. Renaud s'inquiète : « Il y a un problème, ma chérie ? » « Renaud, c'est... c'est elle ! » « Elle ? » « Oui, la maison dont je rêve depuis des mois. Aucun doute possible. La grille, le jardin, la fontaine sans eau, le perron... »

C'est précisément là que Nestor Legrand attend les Tripier. « Chère Madame, bienvenue chez vous ! Mme Beauvallon a un léger retard, elle nous rejoint dès que possible. » lance-t-il à Agathe qui affiche un sourire crispé. Dans l'entrée, la femme de Renaud fixe l'agent immobilier. « Je connais cette maison peut-être mieux que vous ! » L'autre croit à une plaisanterie. « Allons, bon ! Eh bien, montrez-moi ça ! » Aucune des portes du rez-de-chaussée n'étant ouverte, Agathe indique où se trouve le salon-salle à manger et, dans les détails – que son époux n'a pu lui rapporter – ce qui se trouve dans une commode ou un buffet ! Nestor pâlit. Agathe fait de même avec le bureau-bibliothèque. « En revanche, j'ignore ce que cache cette porte toujours fermée à clef. » Mal à l'aise, Nestor bredouille : « Effectivement... Mme Beauvallon y range des objets de valeur qu'elle n'a pas envie de laisser à disposition des locataires. » « Pouvez-vous l'ouvrir ? Je suis curieuse d'y jeter un coup d'œil. Je parierais que, sur une table basse, domine un vase d'environ deux mètres de haut en porcelaine dorée. Caractéristique : l'un des quatre pieds est ébréché. » Legrand s'exécute et assiste au triomphe d'Agathe qui montre le vase : « Qu'est-ce que je vous avais dit ! »

Nestor Legrand ne peut cacher qu'il est complètement largué. « Euh... Chère Madame, je vous présente Lucienne Beauvallon. » Celle-ci tend la main vers Agathe puis, stupéfaite, la reprend. Elle tremble : « C'est... C'est vous ? » « Mme Tripier, l'épouse de Renaud, oui... » « Peut-être... » « Sûrement ! » rectifie Agathe.

Passablement perturbée, Lucienne Beauvallon explique : « J'ai passé de nombreuses nuits ici ces derniers mois. Et... Et j'en suis certaine... À plusieurs reprises, sans que je sache par où vous rentriez ni par où vous partiez, vous avez circulé au rez-de-chaussée... L'espèce de fantôme dont j'ai parlé l'autre jour à votre mari, j'en suis sûre : c'est vous ! »

Après moult hésitations et dans un contexte pour le moins étrange, les Tripier ont fini par organiser, comme prévu, leur déménagement. Agathe n'a plus fait de rêves prémonitoires ni effectué la moindre apparition dans une autre demeure que la sienne...

LUCKY LILY

Depuis la mort de son épouse, Charlie Tremblay n'est plus que l'ombre de lui-même. Voici quelques mois encore, ses copains le trouvaient dans une forme exceptionnelle pour ses soixante-dix ans mais, aujourd'hui, ils ont radicalement changé de discours. « Le pauvre Charlie fait peine à voir ! » « Il a pris quinze ans ! » « Il a tellement maigri ! Il flotte dans ses vêtements… » « On dirait un fantôme… »

C'est vrai qu'après plus de quarante ans de vie commune, Charlie considère la disparition d'Emily, son épouse, comme la fin du monde, ou en tout cas la fin de son monde. Quand ses proches lui font remarquer qu'il est encore jeune et ayant de belles années devant lui, il répond : « Belles ? Elles ne le seront plus jamais. »

Charlie occupe ses journées à se morfondre, à avaler quotidiennement ce qui doit correspondre à un festin pour un moineau, à traîner deux ou trois heures devant la télé puis à se bourrer de somnifères afin de trouver refuge dans le sommeil.

Plus rien à voir avec le Charlie qui, dans cette petite ville du Texas, même après l'âge de la retraite, était debout à l'aube, s'intéressait à mille choses, prêtait son concours à des œuvres de bienfaisance, s'occupait de la grande tombola de l'école du quartier, etc.

Cela fait sept mois qu'Emily s'en est allée brusquement des suites d'une hémorragie cérébrale. Sept mois que Charlie dépérit à vue d'œil. Sept mois qu'il ne voit quasiment plus personne à l'exception de ses deux fils, John et Erik, et de deux ou trois amis triés sur le volet.

Il lui arrive encore d'effectuer quelques achats, ne serait-ce qu'alimentaires. Et un jour de juin 1967 qu'il fait la file chez le boulanger, il entend qu'on l'interpelle : « Charlie, ça alors, quelle bonne surprise ! » L'intéressé se retourne et reconnaît Lauren Anderson, une bonne copine perdue de vue. Elle s'approche de Charlie, lui fait la bise et, lui serrant le bras, murmure : « J'ai appris pour Emily, quelle tragédie ! Toutes mes condoléances. J'ai beaucoup pensé à toi. En réalité, je viens juste de rentrer. Mais cette fois, j'ai décidé de rester. Ras-le-bol des voyages ! »

Il est un peu moins de 18 heures quand, ayant payé leur pain, Charlie et Lauren sortent du magasin et marchent côte à côte. « Pourquoi ne viens-tu pas manger à la maison ? lance la dame. Ce sera à la bonne franquette mais j'ai bien de quoi te confectionner une omelette. Et t'offrir une bière fraîche ! »

Et, alors qu'il a décliné l'ensemble des invitations depuis le décès d'Emily, Charlie accepte de se rendre chez Lauren. D'ailleurs, il ne repasse même pas par son domicile. « Ne prête pas attention au désordre, insiste-t-elle, je n'ai pas encore rangé mes valises ! »

Lauren Anderson, jolie femme pétillante au début de la soixantaine, a toujours organisé sa vie pour ne faire que ce qui lui plaisait. Ses parents lui ayant laissé de solides économies, Lauren a pu satisfaire sa passion des voyages sans devoir travailler. En tout cas après l'âge de trente-cinq ans où elle a envoyé balader le patron d'une boutique de vêtements de sport qui, au lieu de la laisser sagement derrière le comptoir où elle se montrait bigrement efficace, rêvait surtout de la mettre dans son lit.

Il faut dire qu'elle a toujours attiré la gent masculine avec un plaisir qu'elle n'a jamais songé à dissimuler. Raison pour laquelle sans doute elle n'a pas souhaité se marier même si, évidemment, ce ne sont pas les propositions en ce sens qui lui ont manqué.

Il se dit d'ailleurs qu'autrefois, Charlie, qui n'a pas toujours été très regardant quant aux coups de canif donnés dans son contrat de mariage, s'est offert du bon temps pendant quelques mois au côté de la belle Lauren. Lorsque Emily en a eu vent, elle a très sérieusement menacé de divorcer si l'infidèle ne mettait pas fin immédiatement à la liaison. Peu de gens avaient été mis au courant de cette incartade. Lauren, qui s'était entichée de Charlie, en avait quand même parlé à quelques amies dont une avait fini par avouer qu'elle aussi avait bénéficié de quelques visites très privées du sieur Tremblay, à l'époque représentant en électroménager mais pouvant visiblement rendre des services non indiqués dans son curriculum vitae...

La retraite avait refroidi quelques ardeurs de Charlie. Ses horaires avaient forcément changé et il était plus dépendant de son épouse dans l'organisation de ses journées. Ce qui, finalement, l'arrangeait bien. Il avait estimé qu'au-delà de la soixantaine, il était grand temps de se ranger des voitures. Et, de toute façon, Charlie était très attaché à Emily. Il éprouvait à son égard une telle reconnaissance d'avoir, justement, fait l'impasse sur quelques galipettes extraconjugales (certaines n'étaient pas arrivées jusqu'à elle...) qu'il ne trouvait que des aspects positifs à son existence de sexagénaire. Le destin, hélas, avait tout chamboulé.

La soirée chez Lauren se montre des plus agréables autant pour l'un que pour l'autre protagoniste. Lorsque Charlie se décide à prendre congé, il est un peu plus de minuit. Il a raconté ses malheurs à Lauren qui l'a écouté et consolé « comme personne ». C'est en tout cas ce qu'il pense lorsqu'il rentre chez lui.

Le lendemain matin, Charlie a à peine avalé son petit déjeuner qu'on sonne à sa porte. C'est Lauren : « Par un beau temps pareil, tu ne vas pas rester enfermé dans ta maison ! Je t'emmène. On va se balader jusqu'à un restaurant dont tu me diras des nouvelles. »

Et, effectivement, la promenade comme l'établissement valent le détour. Charlie se sentant redevable, il n'attend pas une journée de plus pour faire découvrir à Lauren un bar où l'on mange des grillades exquises dans une ambiance très rock and roll car le patron, Ricky, s'est autoproclamé sosie « parfait » d'Elvis Presley ! La plupart de ses clients en rigolent mais sa viande est tellement délicieuse qu'ils ne pensent pas utile de le contrarier...

Après un dîner bien arrosé, Charlie et Lauren dansent sur une piste encombrée. « Je ne me suis pas autant amusé depuis longtemps ! s'exclame Charlie. Et, mine de rien, je me trouve encore une bonne forme pour un croulant ! » « Toi, un croulant ? Mais tu veux rire ? riposte Lauren. Tu tiens mieux le choc que des mecs de cinquante balais ! »

« Love me tender », slow langoureux entamé par Ricky, marque un rapprochement physique entre Charlie et Lauren. Presley n'en a pas fini avec le dernier couplet que le couple échange un long baiser puis un autre et un troisième.

Le soir même, Charlie accepte de passer la nuit chez Lauren qu'il trouve « superbe, sublime et terriblement sexy ». « Grâce à toi, lui chuchote-t-il après leurs premiers ébats, j'ai l'impression de commencer une nouvelle vie, plus intense et plus folle ! » « Ça tombe bien, mon chou, j'avais justement envie de me poser enfin. Et tu es l'homme que je cherchais pour ça ! »

Les premiers jours de l'idylle, Charlie se montre discret. Il évite tout contact avec un tiers qui pourrait lui jeter à la figure des mots du genre : « Vite consolé, hein ! » Ou bien : « Veuf éploré la semaine dernière, veuf joyeux aujourd'hui ! » Ou bien, pire encore : « Cette pauvre Emily doit se retourner dans sa tombe ! »

La première personne qui lui parle de sa situation affective toute neuve, c'est une certaine Lucky Lily. La quarantaine avenante, elle exerce le métier de voyante. Au comble du désespoir après la disparition brutale d'Emily, Charlie avait consulté Lucky Lily dont il voyait régulièrement la publicité dans un journal. La dame – qui, en réalité, s'appelait Madison Smith – l'avait rassuré. « Les jours vous semblent interminablement longs, vous n'avez plus aucun but. Vous errez triste et amaigri dans votre grande maison. Mais vous allez vous remettre de ce terrible deuil. Il y a une jolie rencontre pour vous qui se prépare.

Une femme, belle et élégante, va vous apporter un nouveau bonheur...» Charlie avait bougonné : «Une femme belle et élégante va s'intéresser à un vieux décrépit de mon genre ? J'en doute fort !»

Et puis Charlie avait oublié cette visite et avait été jusqu'à regretter d'avoir perdu son argent et son temps à écouter pareilles sornettes. Mais Lucky Lily, elle, sûre de sa prédiction, en a gardé un souvenir précis. Et, un beau matin, elle téléphone à Charlie : «Si je ne m'abuse, j'avais raison ! La femme belle et élégante a débarqué, non ?» Charlie en reste sans voix. «Je me trompe ?» Charlie est forcé de convenir que la dame ne se fourvoie pas même si cette intrusion le gêne un peu. «D'habitude, un client chasse l'autre et je ne m'attache pas, sinon, vous comprenez, je me laisse totalement bouffer par mon métier. Mais, vous, allez savoir pourquoi, votre tête me revenait bien et votre détresse m'a bouleversée. Je vous percevais vraiment comme étant au bout du rouleau. Alors, lorsque j'ai vu une jolie dame qui allait débouler, cela m'a fait chaud au cœur, je savais que vous étiez sauvé ! Je ne pouvais pas vous indiquer de date car, dans notre job, la notion du temps nous échappe souvent. Mais j'étais prête à parier que l'événement était proche.»

Charlie se sent subitement en confiance et touché par ce qu'il estime être la sincérité de Lucky Lily. Qui poursuit : «Il m'arrive d'avoir des flashes... Ce matin, vous êtes apparu dans mon esprit, je vous ai vu main dans la main avec une dame qui vous aime et tient à vous. J'en suis heureuse car cette histoire va durer...»

Enthousiasmé et intrigué à la fois, Charlie Tremblay sollicite un nouveau rendez-vous avec Lucky Lily qui, comme la dernière fois, scrute l'une de ses photos : «Avec votre amie, vous allez construire des projets. Vous allez même déborder d'activités. Tout ceci ne plaira pas nécessairement à d'autres. L'une de vos idées, en particulier, va fâcher vos enfants. Vous avez deux fils ?» «Exact.» «Ils vont vous en vouloir.»

Charlie demande : « Et Lauren, elle ne va pas me quitter ? » Lucky Lily éclate de rire : « Elle est folle de vous ! » « Oui, mais sensiblement plus jeune aussi… » « Elle s'en moque éperdument. Profitez-en ! »

Et voilà Charlie ragaillardi, certes par l'amour de Lauren, mais par les prédictions de Lucky Lily également. John et Erik, trente-deux et trente-six ans, mariés et pères de famille, accueillent plutôt fraîchement la nouvelle compagne de leur père. Jamais ils n'avaient pensé que le septuagénaire inconsolable de ces derniers mois allait se comporter brusquement comme un adolescent bécotant sa dulcinée à tout bout de champ !

Après un premier repas de famille à base de plats froids servis dans une ambiance glaciale, Erik, l'aîné des garçons, prend son père à part : « Tu pourrais te conduire plus dignement, si ce n'est pour nous, au moins pour Maman ! »

Charlie, pas du genre à s'en laisser conter, réagit au quart de tour : « Est-ce que je me mêle de tes affaires ? Est-ce que je te demande pourquoi on t'aperçoit régulièrement au bar de la salle de sport toujours avec la même basketteuse ? »

Erik devient rouge pivoine. « Tu ne serais pas mon père, je te mettrais mon poing sur la gueule ! »

Pas mécontent de l'effet produit, Charlie ajoute : « Si tu ne me respectes pas, je ne te respecterai plus ! » Et, donnant le bras à Lauren éblouissante dans une robe jaune pâle décolletée et juchée sur des talons sensiblement plus hauts que la moyenne, il salue l'assemblée à la cantonade et s'en va.

Dans l'euphorie des joyeusetés qu'ils partagent sans plus jamais se quitter, et en passant d'une maison à l'autre, Charlie et Lauren, aussi chaleureux l'un que l'autre, réunissent des fonds afin d'ouvrir un petit hôtel de dix chambres cosy, joli, sympa, bref à leur image. Ayant tous deux le commerce dans le sang et des expériences complémentaires, Lauren et Charlie s'entourent de quelques personnes et, ensemble, connaissent un succès foudroyant.

Entre-temps, John et Erik sont revenus, officiellement, à de meilleurs sentiments vis-à-vis de leur père mais les rapports demeurent distants.

Lucky Lily, que Charlie consulte régulièrement, lui a confié : « Ils détestent Lauren. Ils ne lui pardonneront jamais d'avoir pris la place de leur mère à vos côtés. À leurs yeux, vous deviez vieillir seul dans le souvenir d'Emily. Point. D'autant que, ne gagnant pas lourd, ils guettent votre héritage. Et, virtuellement en tout cas, le dépensent déjà... »

Charlie, qui possède un beau patrimoine – grâce auquel il a pu obtenir un prêt bancaire avec Lauren pour leur hôtel – ne cache plus sa profonde déception. Déjà qu'il a toujours eu du mal à supporter ses belles-filles (« des envieuses et des ratées sans éducation qui, je le crains, ont pondu des rejetons à leur image »), le voilà confronté à ses fils se montrant aussi mesquins qu'elles !

Lucky Lily ajoute : « Vous allez connaître un jour exceptionnel. Et vos fils ne seront pas de la fête... »

Charlie sourit : « Vous... Vous savez déjà ? » Lucky Lily sur le même ton : « Quoi donc ? » « Il n'y a pourtant rien de fait... » tempère Charlie. « Ne m'en dites surtout pas plus. Mais, rassurez-vous, ce sera oui... »

Ce jour-là, Charlie, qui mijotait l'idée depuis plusieurs semaines, s'est décidé. Au risque de se prendre une claque, il va demander Lauren Anderson en mariage. Elle, la célibataire endurcie, pourrait-elle changer d'avis ? Charlie se lancera donc ce soir même. Jusqu'ici, Lucky Lily ne s'est jamais trompée. Il suffirait cependant d'une fois...

Il est plus de 22 heures quand Charlie retrouve Lauren dans le bar déserté de leur hôtel. Il ouvre une bouteille de champagne, remplit deux coupes, les dépose sur la table devant Lauren, pose un genou à terre, sort de la poche droite de sa veste une petite boîte, la lui tend en se lançant, la voix un rien tremblante : « Ma chérie... J'ai tellement envie de devenir ton mari... Mais, pour cela, il faudrait évidemment que tu acceptes d'être ma femme... »

Lauren éclate de rire, ouvre l'écrin, s'extasie sur la bague sertie de diamants puis se met à hauteur de Charlie qu'elle embrasse tendrement : « Environ un mois après nos retrouvailles, j'ai rêvé de ce moment-là... Alors, oui, Charlie, oui, et mille fois oui ! »

La fête, grandiose, accueille une multitude de personnes venant de tous horizons. Charlie déplore forcément l'absence de ses enfants et petits-enfants. Mais pas longtemps. Lucky Lily, évidemment aux premières loges, glisse à Charlie : « Méfiez-vous, je vois vos fils et leurs femmes tout près d'ici manigancer quelque chose contre vous. Il est question d'argent. J'entends les mots "veuf" et "héritage". » Puis brutalement, le visage grave, elle ajoute : « Lauren est en danger... C'est sa voiture... »

Pour gâcher la fiesta, il n'y avait pas plus efficace mais, habile, Charlie garde ce qu'il vient d'entendre. Il dit à Lauren : « Je m'absente vingt minutes, un petit problème à régler, rien d'important... »

Il se faufile dans le parking de l'hôtel où ses invités sont réunis. Au bout du terrain, se trouve un garage privé où sont actuellement garés quatre véhicules dont celui de Charlie et celui de Lauren. Charlie en ouvre brusquement la porte et voit ses fils et belles-filles pencher sur le capot de la grosse cylindrée de Lauren. « Alors, mes gaillards, on fait des heures supplémentaires ? Un garagiste et un mécanicien poids lourds penchés ensemble après 23 heures sur la bagnole de leur belle-mère qu'ils détestent : ce n'est pas pour lui faire un cadeau de mariage mais plutôt pour la précipiter vers son enterrement ! Pas vrai ? »

Les quatre complices bredouillent. John est prêt à envoyer un projectile lourd en direction de son père mais Erik l'en empêche. « Je sais ce que vous voulez, que je redevienne veuf pour toucher seuls le pactole. Lauren vous gêne et comme vous avez toujours eu une âme noire, vous trafiquez sa voiture en vue de lui organiser un bel accident ! Ne protestez pas. L'un de vous a parlé et ses propos me sont revenus... »

Le mensonge passe comme une lettre à la poste. Les autres se regardent et se soupçonnent mutuellement. « La police sera là dans une heure. Vous serez tous bouclés. Sauf... »

« Sauf ? » interroge le quatuor en chœur. « Sauf si vous me signez un document attestant que vous renoncez à votre héritage. Vous ne toucherez rien à ma mort. Votre part sera bloquée sur un compte auquel, à leur majorité, vos enfants auront accès. En espérant qu'ils valent mieux que vous... »

Les fils ont protesté. Les filles ont injurié Charlie et, au passage, Lauren. Mais ils ont tous fini par parapher le texte que, devant eux, Charlie a improvisé.

Lorsqu'il les a vus s'éloigner, Charlie était un peu triste quand même. Il verrait si, plus tard, sa position ne pourrait pas être revue et adoucie. Mais, en ces instants précis, il n'avait plus qu'une obsession : profiter pleinement de sa nuit de noces...

L'EAU DU PUITS

Novembre 1974, une maison isolée quelque part dans le comté de Waterford en Irlande. Un couple, Dominic et Macha Hughes, la cinquantaine, a acheté l'année précédente une maison de campagne. Au fil des mois, ils ont sympathisé avec quelques voisins, dont Alaina et Brady McLoughlin, des gens du cru et du même âge, des commerçants qui tiennent une épicerie bien achalandée.

Ce samedi-là, il fait particulièrement mauvais. La neige et la pluie se mélangent. Dès qu'ils ferment boutique, les McLoughlin se précipitent chez les Hughes. Le repas est quasiment prêt et on peut passer à table rapidement.

Le dessert n'est pas encore avalé que la conversation prend un tour particulier. Macha Hughes a entendu parler de spiritisme pratiqué dans la région et d'une attirance particulière pour les phénomènes surnaturels.

Alaina et Brady confirment : « Depuis toujours, les gens d'ici, et d'un peu partout d'ailleurs, s'intéressent à ces matières. Quoi de plus normal ? »

Macha et Dominic pensent que des traditions de cet ordre sont davantage répandues dans les campagnes que dans les villes. Brady s'en vexerait presque : « Les citadins ne se posent pas les mêmes questions que nous sur les signes qui prédisent l'avenir, sur la façon dont on peut entrer en contact avec l'au-delà... »

Comme il le peut, Dominic effectue un rétropédalage : « Bien sûr que nous nourrissons tous les mêmes curiosités ou les mêmes angoisses à propos de la vie après la mort mais sans doute les abordons-nous moins facilement... »

Hughes ne cherche pas la polémique, loin s'en faut. « Alaina et moi, depuis l'enfance, nous avons vécu avec des traditions, des croyances qui, en ville, ont fini par se diluer. »

L'épouse enchaîne. « Ou même faire peur. Par exemple, avez-vous déjà essayé de dialoguer avec des esprits, en faisant tourner une table notamment ? »

Macha frissonne. Et Dominic ne joue pas au fier. « Euh... non... Et vous ? » Brady sourit : « Souvent, très souvent ! Nous n'en abusons pas mais il nous est arrivé de pouvoir ainsi avoir des nouvelles d'êtres chers nous ayant quittés. En apparence en tout cas... »

Silence. Rompu par Alaina qui, de sa voix douce, propose : « Voudriez-vous essayer ? »

Les Hughes bredouillent, n'osent pas dire franchement oui mais en brûlent d'envie. Dominic prend sa femme par la taille et tranche : « Allez-y ! Nous vous suivons... »

« Le processus est simple, explique Alaina. Dans un premier temps, on place un verre renversé sur la table, on découpe des lettres dans des journaux, des imprimés. À moins que nous les écrivions nous-mêmes. L'ensemble de l'alphabet doit être éparpillé. Ensuite, on se tient les mains et on appelle une personne précise, mais pas nécessairement. Le verre doit bouger et se déplacer d'une lettre à l'autre. Si tout va bien, nous finissons par lire des mots. Parfois, il ne se passe strictement rien. En revanche, certains jours, les esprits peuvent se montrer bavards... »

Les quatre personnes s'activent aux préparatifs. La lumière électrique est remplacée par un chandelier de cinq bougies trônant au milieu de la table.

« Y a-t-il un esprit parmi nous ? » interroge Brady. Et, en quelques secondes, le verre bouge. Macha qui tient à la fois la main de son mari et celle d'Alaina les pince un peu fort et fait une légère grimace. Car on lui a bien dit qu'il fallait contenir ses émotions et ne pas exprimer des choses pouvant déranger les esprits...

« Bonsoir, nous sommes heureux mes amis, mon épouse et moi-même de vous rencontrer... » Il faut de la patience, ont prévenu les McLoughlin. Mais, ce soir, il semble que la séance soit plutôt faste. D'entrée de jeu, le verre construit une courte phrase plutôt inattendue : « Bienvenue chez moi. »

Stupeur surtout dans le chef des Hughes qui n'osent répliquer...

Brady ayant un bon feeling avec l'esprit comprend et poursuit : « Merci. Vous avez habité dans cette maison il y a longtemps ? » Réponse sans l'ombre d'une hésitation : « Oui. » « Vous êtes un homme ou une femme ? » « Femme. »

Alaina prend le relais : « Et vous avez été heureuse ici ? » L'esprit continue à envoyer des messages courts. « Souvent. » « C'était à quelle époque ? » Réponse floue : « Loin. » « Vous avez eu des contacts avec d'autres personnes venues ici après vous ? » « Non. » Puis : « Maison abîmée. Eau. »

Hugues pressent une piste à suivre : « D'autres mots, s'il vous plaît ? » L'esprit se manifeste en deux mots : « Danger. Puits. »

Les Hughes et les McLoughlin n'en sauront pas davantage. Ainsi s'achève le dialogue.

Dire que, une fois Alaina et Brady rentrés chez eux, Dominic et Macha ont bien dormi serait mentir. Ils n'ont quasiment pas fermé l'œil de la nuit. Émotionnellement, les dernières heures avaient été chargées. D'abord, il y avait eu cette table qui n'a pas tourné mais le verre avait largement assuré le spectacle ! Et cette dame sortie des ténèbres pour, finalement, ne pas raconter grand-chose sauf qu'eux, les Hughes, étaient désormais en danger ! Et il y avait ce puits. Au fond duquel on trouverait la vérité ? Mais, avant toute chose, il fallait savoir le localiser !

Pas à l'aise du tout sous des couvertures bien épaisses, Macha murmure : « Nous aurions mieux fait d'investir dans autre chose pour nos vieux jours. Un bateau, par exemple ! » « Mais tu n'as jamais eu le pied marin ! » « Par rapport à ce que je ressens en ce moment, je préférerais encore le mal de mer... »

Le lendemain, Alaina et Brady vont frapper à la porte des McLoughlin et leur font part autant de leur désarroi que de leur inquiétude. « On n'essayerait pas de rappeler la brave dame ? »

Alaina sourit : « Ce n'est pas comme avec le téléphone ! » « D'accord, mais elle a peut-être d'autres choses à nous dire… » « Pas sûr, interrompt Brady. J'ai une meilleure idée. Nous allons aller voir Owain Doyle. »

Dans le village, Owain Doyle, près de quatre-vingts ans, toujours bon pied, bon œil, passe pour être la mémoire vivante du lieu. Et plus encore. Ancien instituteur, il a consacré une grande partie de sa vie à lire, à fouiller, à apprendre. « Si quelqu'un peut nous aider, c'est lui » assure Brady.

Le vieux monsieur reçoit les deux couples au milieu d'un fourbi indescriptible. Entre des piles de livres ayant l'air de tenir par magie, un bureau et une table de salle à manger recouverts de plusieurs couches de documents et d'autres piles de livres, Owain, l'œil vif derrière de petites lunettes, écoute. Il monte sur une petite échelle, sort de sa bibliothèque un gros volume, le feuillette, le repose, le remet à sa place. Et réitère les mêmes gestes avec deux autres ouvrages. Puis se gratte la tête.

« La maison que vous évoquez a été bâtie il y a plus de deux siècles sur un sol très humide. Il y a dû y avoir à proximité un cours d'eau. Quant à l'existence d'un puits, elle n'est évidemment pas impossible. »

Reste à savoir pourquoi subitement, en 1974, ce puits – qui, en plus, a bien pu disparaître – poserait problème…

La solution n'a pas rapidement jailli ni du puits, ni d'une autre source.

Après de longues recherches menées de front par plusieurs personnes, il est apparu que, lors de travaux routiers de grande ampleur entrepris au début des années 50, un cours d'eau souterrain avait été dévié et que, lentement mais sûrement, il avait fait son chemin en direction du terrain des Hughes où un puits avait été enterré il y a plusieurs lustres en dessous de la cave de la maison. Mais l'eau ayant retrouvé la base du puits, avait commencé à monter et, un jour, aurait causé de gros dégâts.

Il fallut ouvrir un vaste chantier et essayer de faire jouer des assurances – plutôt pingres – afin de le mener à bien. L'esprit avait bien prédit un danger. Il n'avait pas précisé qu'il toucherait également le portefeuille des Hughes...

UN MIRACLE POUR NOËL

Une semaine avant la Noël de cette année 1952, dans un village écossais au nord de Dumbarton, les préparatifs de la fête battent leur plein. Blottis au milieu de montagnes, les habitants ont forcément l'habitude des hivers rigoureux. Et ne se lassent pas des Noëls blancs.

Si les enfants apprécient la lecture et les jeux au coin du feu, ils aiment tout autant les activités en plein air.

C'est en particulier le cas de Darren, dix ans, un garçon rêvant de grande aventure. Solitaire de nature, il a bien quelques copains qu'il fréquente de temps à autre en dehors de l'école mais, souvent, c'est seul qu'il part marcher et courir, se cacher aussi. Darren adore ça. Il s'invente des tas d'histoires, se voyant en sorte de héros traversant mille et une péripéties. Il lui est arrivé plus d'une fois de se cacher en attendant que ses parents partent à sa recherche. Une façon comme une autre d'attirer l'attention sur lui. Car au fond de lui, Darren souffre que son père et sa mère travaillent sans cesse. Ils tiennent une boulangerie-pâtisserie-salon de thé. Et n'ayant pas les moyens d'engager un personnel pléthorique, ils font tout, ou presque, à deux. Dans leur cœur, leur fils unique ne passe évidemment pas après le boulot. Mais à dix ans, on ne réfléchit pas aux obligations de gagner sa vie ni aux sacrifices obligatoirement consentis en ce sens. Et Darren se dit que Papa et Maman ne pensent guère à lui.

Ainsi, le garçon s'est-il déjà construit une cabane non loin de sa maison et a transporté quelques affaires afin de s'y installer,

« pour toujours » avait-il décidé. Avant que ses parents inquiets ne le dénichent et ne lui témoignent tout leur amour.

À l'école, Darren peut être complètement ailleurs lorsque le cours le barbe mais passionné quand la matière lui parle. Pour l'Histoire et la géographie, par exemple, il se montre toujours très éveillé, posant des questions, apportant des notices cherchées dans les livres de la bibliothèque. Les explorateurs, les inventeurs, les chercheurs le fascinent. Sans l'exprimer de la sorte, à l'image des grands personnages qu'il admire, Darren veut sortir du lot. C'est tout juste s'il n'affirme pas : « Je serai Christophe Colomb ou rien ! »

En tout cas, partir à la découverte de chemins nouveaux, il adore ! Dès qu'il en la possibilité, il s'échappe de chez lui et part en randonnée. Certes, il ne peut jamais aller bien loin car ses parents le lui interdisent et puis parce que, même s'il ne l'avouera jamais, Darren a quand même un peu peur de s'égarer, surtout lorsque le soir tombe. Et dans sa région, au mois de décembre, il tombe de bonne heure. Néanmoins, à dix ans, parcourir un kilomètre peut prendre des allures d'équipée sauvage.

Ce 20 décembre 1952, Kenneth et Elly, les parents, n'ont pas vu Darren s'éclipser, ni par la porte du magasin, ni par celle du jardin, à l'arrière du bâtiment.

Il est plus de 17 heures quand ils constatent son absence. Et 20 heures quand ils jugent celle-ci anormale. Darren ne revient jamais aussi tard de ses promenades, surtout en cette saison.

Une fois la boutique fermée, Kenneth se renseigne dans le village, en passant d'abord chez ses copains les plus proches. Personne n'a eu de nouvelles de Darren dans la journée. Et personne ne l'a même aperçu.

L'angoisse monte au fil des heures. Dans la soirée, avec Malcolm, le frère de Kenneth, et Murray, un voisin, le père et la mère se partagent la fouille du village. Aux alentours de minuit, il leur faut bien admettre que leurs nombreux efforts ont été vains. Mais où s'est donc volatilisé Darren ?

Kenneth et Elly continuent les recherches puis se résignent à regagner leur domicile. Ils ne ferment pas l'œil de la nuit. Dès l'aube, Kenneth laisse la boulangerie aux mains d'Elly et repart sur divers chemins avec Malcolm et Murray, convaincus qu'avec la lumière du jour, ils repéreront sinon l'enfant, au moins une trace, un indice les menant à lui. À midi, ils ne sont pourtant pas plus avancés.

Lorsque Elly voit son mari revenir bredouille, elle murmure : « Moira... »

Kenneth s'emporte : « Quoi Moira ? » « Il faut aller la voir. » « Cette vieille folle ? Jamais ! Nous n'avons pas de temps à perdre. Nous allons repartir. » « Dans quelle direction ? Tu les as toutes faites ! » « Nous n'avons pas encore frappé à toutes les portes, interrogé tous les habitants... »

Elly ne répond rien, laisse Kenneth, têtu de nature, agir comme il l'entend. Puis, demandant à son apprenti de servir les clients, la jeune femme sort discrètement par la porte du jardin.

Elle longe deux grandes prairies, franchit un bosquet puis se dirige vers une maison isolée de taille très modeste, le refuge de Moira.

Dans le village, tout le monde connaît Moira mais peu de gens la côtoient. Cette femme âgée d'environ soixante-cinq ans fait peur. Son caractère difficile ne constitue pas la seule raison. On la dit « sorcière », capable de jeter des mauvais sorts et de prédire les pires choses à ceux qu'elle n'aime pas. En revanche, on oublie de souligner qu'aux autres, elle peut montrer un visage différent et les aider à résoudre leurs problèmes.

Voici de longs mois, Kenneth a eu une algarade avec elle, la mettant à la porte de son commerce. Elly est intervenue, a tenté de calmer les esprits mais son époux bouillonnant n'a pas changé d'attitude. En cause, à la base, pas grand-chose. Une réduction que Moira quémandait parce qu'à ce moment-là, elle manquait de liquidités. N'éprouvant déjà pas de sympathie à son égard Kenneth avait refusé catégoriquement. « Si je commence comme ça, dans un mois, je mets la clef sous le paillasson.» L'autre ayant insisté, le ton était monté. Et Moira avait fini par partir en claquant la porte.

Le lendemain, Elly s'était rendue chez elle afin de présenter des excuses. Moira avait apprécié la démarche tout en précisant qu'elle n'oublierait pas le comportement injurieux de Kenneth.

Ce 21 décembre, cela fait plusieurs semaines qu'Elly n'a plus croisé Moira. « J'ai été un peu malade, explique-t-elle. Mais grâce à mes remèdes, des "remèdes de sorcière" comme on chuchote dans mon dos, je me suis retapée.» Puis, constatant la mauvaise mine de la visiteuse, elle interroge : « Qu'est-ce que je peux faire pour toi ?»

Moira écoute, se concentre puis ordonne : « Apporte-moi un vêtement porté récemment par ton fils !»

Elly court, encourage l'apprenti et court à nouveau. Moira se concentre sur un pull-over en laine de couleur grise. « Ne t'inquiète pas, il est vivant. Je le vois... Il est tombé dans une sorte de trou et ne parvient plus à remonter...» « Mais où ?» « Attends... On dirait une cave... Ou bien une crypte...» Silence. « J'y suis ! s'exclame Moira. La crypte de l'ancienne église à l'entrée du village. J'en suis à peu près certaine.»

Sans attendre ou prévenir quiconque, Elly fonce. Moira tente de la suivre comme elle le peut. Le vieil édifice isolé n'est pratiquement jamais visité. Sauf par un petit curieux maintenant frigorifié mais sain et sauf.

« On va te sortir de là, mon chéri !» crie Elly en se penchant vers son fils. Sur ces entrefaites, Moira arrive et prend les choses en main. « Je tiens compagnie au gamin, pendant que tu te procures une corde.» Elly en emprunte une chez un menuisier, l'homme le plus proche de l'église, qui l'accompagne. Puis, tenant bon avec l'aide d'un homme costaud, Elly aide son fils à se hisser jusqu'à son niveau. Sportif, le gamin y parvient facilement. Il tombe dans les bras de sa maman et dans ceux de Moira avant d'éclater en sanglots...

En fin de journée, Kenneth va frapper à la porte de Moira : « Du fond du cœur, je suis venu vous dire merci. Et vous dire à quel point je regrette d'avoir été stupide et désagréable... Si vous acceptez de me pardonner, peut-être écouterez-vous le message que Darren m'a chargé de vous transmettre... »

Moira attend en silence. « Il aimerait que vous soyez notre invitée le soir de Noël... »

Kenneth sent Moira émue. « C'est... C'est très gentil de sa part... » « Alors ? » « Disons que si un bon catholique comme toi accepte de recevoir une sorcière comme moi à Noël, ce serait dommage de rater pareille occasion ! »

Kenneth la grande gueule a tendu la main puis chaleureusement serré celle de Moira. Et, sur le chemin du retour, a séché les larmes qui s'étaient mises à couler quelques minutes plus tôt.

« JE CONTINUERAI À VEILLER SUR TOI »

Ce 12 novembre 1958, le docteur Pilard a décidé de rentrer de bonne heure chez lui. Cela fait des semaines qu'il travaille sept jours sur sept, qu'il court partout dans cette région de la Bretagne où il a élu domicile parce que les médecins s'y font rares et que, il faut bien le dire, Jean-Claude Pilard y est apprécié. Mais, à quarante-cinq ans, il lui arrive de penser que s'il ne se ménage pas un peu, c'est lui qui, bientôt, aura besoin d'un médecin !

Et puis il y a sa famille, Vinciane, son épouse, et Louis, son fils de douze ans qu'il ne voit pas grandir et qui, souvent, le soir, réclame : « Papa, quand est-ce qu'il va rentrer ? » Vinciane en a un peu assez de toujours répéter : « Bientôt, mon chéri, mais tu sais que les gens ont besoin de ton papa… » Récemment, Louis a répliqué : « Moi aussi, j'ai besoin de lui… »

Lorsque Vinciane a relaté cette conversation à Jean-Claude, celui-ci a compris qu'il lui fallait réagir. Un tel message ne pouvait rester lettre morte.

Donc, ce 12 novembre 1958, Pilard est bien décidé à consacrer la soirée à son fiston. Il gare sa voiture dans le garage se trouvant à côté de la maison, ferme les portes, puis s'apprête à mettre la clef dans la serrure quand il entend une voix de femme qui l'interpelle : « Docteur, docteur, il faut que je vous parle ! »

Pilard ne peut s'empêcher de soupirer avant de se retourner. Il découvre une jeune femme brune très élégante, environ trente-cinq ans, vêtue d'un manteau bleu marine et portant des souliers noirs à talons hauts.

Visiblement, même Pilard n'avait pas remarqué cette jolie dame dans une rue pourtant déserte. «Je suis désolée de vous déranger mais je n'ai pas le temps de prendre rendez-vous pour une consultation. D'ailleurs, je ne vais pas vous tenir longtemps. Écoutez-moi bien : dans une semaine exactement, une femme va se trouver en danger de mort. Il faudra que vous vous présentiez chez elle en début de soirée, disons 19h30, au plus tard. Elle va ressentir une douleur violente au cœur, y portera la main. Et, là, vous interviendrez immédiatement et vous la sauverez. Son nom : Amélie Rostand. Son adresse : 51, allée des Marronniers. Vous retiendrez tout ça ?» Impressionné par le ton très directif de l'inconnue, le docteur sort un stylo et un bout de papier de sa poche et note nom et adresse. Puis ajoute : « Vous pouvez compter sur moi.» Il aurait voulu poser d'autres questions mais il laisse tomber le papier, le ramasse et le temps de ranger ses affaires, la visiteuse a disparu aussi subrepticement qu'elle était apparue.

Jean-Claude est forcément intrigué par cette visite impromptue et se promet d'aller sonner dès le lendemain à l'adresse indiquée.

Et puis, une fois à table entre Vinciane et Louis, Jean-Claude évacue ce petit tracas. Après tout, ce ne serait pas la première fois qu'on lui ferait passer des informations fausses.

Le lendemain, vers 17 heures, le docteur Pilard se rend donc chez Amélie Rostand. La dame, alerte nonagénaire, le reçoit avec curiosité. D'autant que le médecin reste vague : «J'ai reçu un message anonyme de quelqu'un m'assurant que vous aviez des problèmes cardiaques et qu'il me fallait passer chez vous.» Amélie sourit : «Je ne sais qui se préoccupe à ce point de ma santé ; j'en suis d'ailleurs touchée. Mais je me porte comme un charme. Rien à signaler ! Mon médecin de famille, le docteur Masson, qui habite à cent mètres, m'a d'ailleurs auscultée voici moins d'un mois et m'a assuré que tout allait bien !»

En regagnant sa voiture, Jean-Claude Pilard se dit qu'il a été victime d'une mauvaise plaisanterie. Mais, bizarrement, le regard de la jeune femme avait à ce point l'air implorant qu'il a du mal à avaliser totalement l'hypothèse d'une farce pour le moins de mauvais goût.

Le 19 décembre, en se levant, le docteur Pilard ne peut s'empêcher de repenser à Amélie Rostand et à cette dame prenant à ce point soin d'elle. Et note de passer au 51 de l'allée des Marronniers en début de soirée. Mais voilà Jean-Claude embringué dans une série de rendez-vous qui, tous, ou presque, accumulent du retard. Bref, il est 21h30 quand il se dirige vers l'allée des Marronniers. Lorsqu'il franchit la grille du jardin, il sent qu'un drame est survenu. Des tentures noires sont sorties d'une voiture de la même couleur. Apercevant Pilard, le majordome vient à sa rencontre, au bord des larmes. « Un grand malheur est arrivé. Vers 19h15, Madame a été prise d'un violent malaise cardiaque. Le temps que j'appelle le docteur Masson, Madame était morte... Sa santé était éclatante, elle n'avait jamais connu le moindre pépin et puis la voilà partie en quelques minutes... Ce qui me chagrine, au-delà du vide immense que Madame va laisser, c'est de ne pas avoir pris au sérieux votre visite. Car, à l'évidence, vous saviez quelque chose... »

Jean-Claude Pilard tombe des nues, jure qu'il ne détient aucun secret. Mais, dans son for intérieur, il lui faut bien admettre que la jeune femme ayant fait irruption devant sa porte une semaine plus tôt en début de soirée, elle, savait...

Alors que le majordome est appelé à d'autres tâches urgentes, le docteur Émile Masson sort de la bibliothèque où le catafalque s'apprête à être dressé. Les deux confrères se serrent la main. « Allons un peu l'écart » suggère Masson, de quelques années l'aîné de Pilard. « Pardonnez-moi, mais j'ai écouté... Nous, hommes de science, éprouvons parfois quelques difficultés à admettre des choses que nous ne comprenons pas et que nous avons tendance à ranger dans la catégorie des croyances de “bonnes femmes”. Personnellement, je m’efforce à garder l’esprit ouvert. Oh, je n’y parviens pas nécessairement mais j’ai plutôt tendance à croire que, surtout dans notre profession, nous demeurons trop cartésiens. » « Il y a de ça, souligne Jean-Claude Pilard. Parce que nous avons longuement étudié, nous pensons savoir davantage de choses que la moyenne de nos contemporains. » « Je vois que nous nous comprenons, se réjouit Émile Masson. Voici huit jours, une jeune femme brune vêtue d’un manteau bleu marine et portant des chaussures à talons hauts a sonné à mon cabinet. Je me trouvais à l’étranger. Elle a insisté auprès de mon épouse : elle avait une information urgente à me délivrer. Il fallait que je me rende le 19 novembre au plus tard à 19h30 allée des Marronniers, 51. Une vieille dame allait être victime d’un problème cardiaque sérieux et, si j’intervenais immédiatement, elle serait tirée d’affaire… » « Incroyable ! constate Pilard, j’ai eu droit au même message ! »

Chemin faisant, Émile Masson, qui connaît bien les Rostand, raconte le drame de la défunte : « Elle a perdu sa fille unique, Madeleine, dans un accident de la route. Elle a été fauchée non loin d’ici par un camion. Son mari en est mort de chagrin cinq ans plus tard. Amélie a tenu le choc. Par la suite, elle a retrouvé dans les papiers de Madeleine, un mot troublant. Elle avait écrit : « Très chère Maman, j’ai l’intuition que je mourrai jeune. Mais je t’aime tellement que je te jure solennellement que, d’où je serai, je continuerai à veiller sur toi… » Quelquefois, Amélie me confiait qu’elle avait réellement l’impression, voire la conviction, que Madeleine se trouvait à côté d’elle dans le jardin, dans le salon, ou à l’église où elle se rendait chaque dimanche. »

Troublé, Jean-Claude jette un coup d’œil sur les photos encadrées dans le salon. Sur une table basse, il tombe sur un cliché d’une grande netteté : Madeleine habillée d’un manteau bleu marine, portant des chaussures à talons hauts. Le docteur Masson précise : « C’était la veille de sa mort. Regardez la tristesse de son sourire : on croirait qu’elle sait ce qui va lui arriver… »

SOUS UN CHÊNE CENTENAIRE

Dans un village à une centaine de kilomètres au nord de Londres, George Anderson habite un vaste manoir et s'y ennuie souvent. À cinquante-deux ans, riche héritier, il n'a jamais réellement travaillé. George s'est contenté de gérer sa fortune, les terres dans la région ainsi qu'une dizaine d'appartements dans la capitale. Anderson apprécie de participer à des soirées mondaines mais ne déteste pas pour autant la campagne. Même si, effectivement, les journées lui paraissent parfois fort longues.

Il y est d'ailleurs installé depuis de longues années, connaît tout le monde dans les alentours et lance régulièrement des invitations. L'une de ses proches voisines, Victoria Roberts, institutrice, lui rend ainsi fréquemment visite. Ensemble, ils prennent le thé, bavardent de tout et de rien, aussi bien des derniers potins du village que des nouvelles lues dans le journal ou entendues à la radio.

En 1960, George Anderson n'a jamais été marié. Et il en va de même pour Victoria Roberts, un peu plus jeune que lui (quarante-huit ans) ayant pourtant collectionné les soupirants sans qu'aucun n'ait eu envie de lui passer la bague au doigt. C'est en tout cas ce que de mauvaises langues prétendent. Car Miss Roberts, elle, jure qu'aucun de ces messieurs n'était réellement digne de devenir son époux.

Depuis qu'elle franchit assez souvent la grille de la propriété de George Anderson, d'aucuns se sont mis à jaser. Les deux célibataires se consoleraient-ils de leur solitude respective ?

Victoria, encore jolie, modeste enseignante, aurait-elle mis le grappin sur le très riche George ?

Le fait est qu'elle semble le divertir. Et en particulier en ce mois de juillet 1960. Victoria Roberts héberge l'une de ses bonnes amies, Emma Clipperton, une Londonienne qui, aspirant à un peu d'air frais, a eu envie de revoir Victoria.

Emma, quarante-cinq ans, vit au centre de Londres avec un mari, Richard, voyageant sans cesse pour des affaires florissantes dans le secteur de l'aéronautique. Cet homme semble à ce point occupé qu'il n'a jamais le temps de dépenser l'argent qu'il gagne. Ce qui tombe bien : Emma, guère occupée, sinon par ses loisirs, s'en charge !

Mrs Clipperton a toujours été une excentrique. Il paraît d'ailleurs que cet aspect de sa personnalité a d'emblée séduit Richard qui, au milieu de tant de réunions et de rendez-vous austères, avait besoin de quelqu'un incarnant la récréation. Loufoque et, en apparence, un peu dingue, Emma a conquis Richard lors d'un dîner en tête à tête. Ils s'étaient rencontrés dans un grand magasin. Il cherchait un cadeau pour un ami au rayon parfumerie. La vendeuse étant paumée, Emma se mêla à la conversation et désigna le flacon qui, à coup sûr, comblerait le monsieur - prénommé John - fêtant son anniversaire le soir même.

Devant autant d'assurance et de charme déployés, Richard Clipperton s'est pris au jeu et, de façon on ne peut plus directe, a lancé : « Vous n'allez pas vous en tirer de la sorte. Il faut évidemment que cette histoire ait une suite. Je saurai avec certitude si le cadeau a vraiment plu à John. Il ne me le cachera pas. Mais comme vous m'avez rendu service, quoi qu'il arrive, si vous n'y voyez pas d'inconvénient, je vous invite à dîner. Disons après-demain ? »

Libre comme l'air, Emma accepta et, le moment venu, eut droit à tous les éloges. « Vous avez tapé dans le mille ! Vous avez choisi l'eau de toilette préférée de John ! »

Emma sourit. « Heureuse d'avoir pu vous être utile... » Durant l'apéritif puis le repas, Richard et Emma apprirent à se connaître sommairement.

Au milieu du dessert, Richard qui passait de très agréables instants demanda à Emma alors sans emploi et vivant encore chez papa et maman : « Et quels sont vos projets pour les semaines qui viennent ? » Le plus tranquillement du monde, tout en dégustant une pâtisserie au caramel, elle répondit : « Je vais être très prise. » « Ah bon ? » répliqua Richard, curieux d'en savoir plus. Ménageant ses effets, Emma annonça : « Oui car je vais me marier. » Richard ne put cacher sa déception. « Je peux savoir qui est l'heureux élu ? » Et du tac au tac : « Vous ! »

Richard éclata de rire, ce qui ne troubla pas le moins du monde Emma. « Cela va même s'organiser assez rapidement. Bien sûr, il va falloir convaincre votre maman. Ne vous tracassez pas, elle va m'adorer. Et pourtant, elle est méfiante de nature mais vous me laisserez lui parler. Et vous verrez ensuite que j'avais raison... »

Richard ne riait plus et ne pouvait dissimuler son trouble. « Vous avez mené une enquête sur ma vie privée ? » « Je n'ai guère besoin de ça. » Une courte pause puis elle précisa : « Elle ne doit pas avoir peur pour vous, votre maman. C'est vrai que, autrefois, la grave chute à vélo qui vous a immobilisé pendant une période assez longue a finalement laissé plus de traces chez elle que chez vous... » Puis, plantant ses beaux yeux bleus dans les siens plutôt bruns : « Vous êtes un grand garçon, maintenant, Richard, et tout va bien se passer. »

Fille aînée (trois autres et un garçon avaient suivi) de deux commerçants du nord de Londres, Emma avait remarqué dès la fréquentation de l'école qu'elle était « un peu sorcière » comme elle le disait.

Une institutrice avait noté ce sens aigu de l'intuition qui habitait la gamine. Mais, à l'époque, personne, à commencer par l'intéressée, n'y prêtait réellement attention.

À l'âge adulte, Emma prit conscience d'un don particulier et, sans boulot, s'en servit pour gagner un peu d'argent.

L'esprit ouvert, Richard Clipperton avait écouté l'histoire de la jolie demoiselle avec passion. C'était bien la première fois qu'il rencontrait une personne aussi originale que séduisante. Il décida rapidement de ne pas la laisser filer. Et conformément aux prévisions d'Emma, les noces se décidèrent rapidement avec la bénédiction sincère de la redoutable maman-poule d'un fils unique, veuve de surcroît.

Ravie de présenter Emma Clipperton à George Anderson, Victoria Roberts sait que son amie peut avoir des sujets de conversation dictés par ses visions. Amusé et intrigué, George écoute. Jusqu'au moment où il sursaute en reposant sa tasse de thé sur la table basse de la terrasse. Il est vrai que, perdue dans ses pensées et regardant au loin dans le jardin, Emma vient de dire :

« Il y a un corps enterré là-bas... »

« Où ça ? » interroge nerveusement George.

« Précisément, je l'ignore. Mais je vous vois, vous, George, entouré d'autres personnes, vous pencher vers un trou. On en retire un corps... »

« Mais... Mais... le corps de qui ? » Emma en a fini avec sa vision : « Aucune idée ! »

George contient sa rage. « Alors, vous débarquez chez les gens, vous allumez un incendie puis, même sans contacter les pompiers, vous prenez la fuite ! »

Emma sourit. « Je vous donne des indications dont je suis certaine. Vous en faites évidemment ce que vous voulez... » George n'est pas loin de perdre les pédales. « Tant que vous y êtes, accusez-moi d'avoir assassiné quelqu'un et de l'avoir enterré à quelques mètres de ma maison ! »

Emma conserve tout son calme. « Je n'ai rien affirmé de tel. Non. En plus, je ne crois pas que vous y soyez pour quelque chose, je ne le perçois pas du tout de cette manière. Mais je suis prête à jurer qu'il y a un corps quelque part sous un arbre, un arbre massif, comme un chêne plutôt centenaire...»

L'agressivité de George ne retombe pas. « D'autres informations encore ?» « Non...» « Donc, voilà, maintenant, je n'ai plus qu'à me débrouiller avec l'idée que vous m'avez mise en tête !»

Victoria intervient. « Emma n'a pas agi pour vous ennuyer, George, mais dans le but de vous aider...» « Exactement, ajoute la voyante. Et après tout, aucune loi ne vous oblige à me croire.»

George ne désarme pas. « Vous m'auriez annoncé que j'allais avoir la grippe, que j'allais me marier ou me casser une jambe, il n'y avait rien de grave. Et c'était précis. Mais, là, vous me terrifiez en restant dans le flou !»

Emma ne joue pas l'escalade. « Vous comptez des chênes centenaires dans votre parc ?» « Oui, deux.» « Allons les voir.»

Et voilà bientôt le trio observant le sol autour des arbres désignés. « C'est bien ce que je ressentais» constate Emma. « Et quoi donc, Miss Marple ?» ironise George. « Le cadavre a été enfoui il y a un certain temps déjà... Et je ne vous jure pas non plus que ce soit ici ou là...»

« Donc, si je comprends bien, je commence par creuser autour des chênes et, si je fais chou blanc, je dévaste la totalité du terrain. Même les taupes sont moins dangereuses que vous !»

Victoria intervient : « George, restons calmes. Si nous en parlions à Bob, le jardinier de l'école ? Il est discret et serviable. Et bien outillé. Il inspecte autour des chênes et s'il ne trouve rien, on avise.»

La douceur de Victoria agit immédiatement sur Anderson. « Bonne idée.» « Je lui en parlerai dès demain», avance l'institutrice.

Après une petite journée de travail, sous le deuxième chêne visité, Bob donne un coup de pioche dans une masse molle : un sac de jute contenant les restes d'un être humain...

Sur le point de défaillir, George s'accroche au bras de Victoria. Emma ne pavoise nullement et suggère : « Notre travail s'achève ici. Il faut appeler la police. »

George tempête à nouveau : « Pour m'arrêter ? » Emma hausse les épaules. « Bien sûr que non. En revanche, un inspecteur, assez grand, va vous interroger... La procédure normale. » « Et qu'est-ce que vous me cachez encore ? » s'agace George. « Rien ! Mais je ne vous vois pas en prison... » Anderson blêmit. « Je préfère que vous vous taisiez... »

Pourtant, tout se déroula comme Emma l'avait vu.

À deux pas, George regarda l'inspecteur assisté de quelques hommes sortant le corps du trou. Il y eut également l'interrogatoire, ou plus exactement trois interrogatoires effectués par un policier devant mesurer un mètre quatre-vingt-cinq.

On raconta que le mort pourrait être un déserteur devenu un dangereux malfrat qui, pendant la guerre, avait été recherché alors que le manoir de la famille Anderson était fermé.

Mais, officiellement, l'affaire fut classée sans avoir été résolue. Et sur cet aspect-là de l'histoire, Emma Clipperton, davantage portée sur le futur que sur le passé, ne fut d'aucune utilité...

LA DAME EN NOIR

Ingrid Allaert, qui a pourtant l'œil, n'a pas vu la dame arriver. Et maintenant qu'elle se trouve face à elle, la demoiselle de vingt-deux ans se demande comment elle n'a pas remarqué plus tôt dans le magasin une femme de grande taille toute vêtue de noir à qui il semble difficile de donner un âge.

Il a bien fallu qu'elle emprunte un chemin pour arriver à la caisse de cette vaste épicerie située au cœur de la ville d'Anvers.

Par la suite, Ingrid sera néanmoins prête à jurer que « la dame en noir » n'a jamais franchi la porte d'entrée du magasin ! Pour la bonne et simple raison que la caisse que tient la demoiselle se situe juste à côté de cette porte...

Alors, bien sûr, Ingrid a pu être distraite un moment. Mais, tout de même, quelqu'un mesurant pas loin d'un mètre quatre-vingts et arborant un manteau noir recouvrant partiellement une robe longue de la même couleur ne peut échapper à un angle de vision même réduit.

L'inconnue regarde Ingrid, lui sourit en tendant une bouteille de champagne. « Combien vous dois-je ? » demande-t-elle.

Elle fouille dans ses poches visiblement à la recherche de son argent. Quand elle en retire quelques billets de banque chiffonnés, elle ne les donne pas à Ingrid, au contraire. Elle les serre dans la main droite puis, comme si elle s'assurait que personne d'autre n'allait l'écouter, elle se penche vers la caissière et murmure : « Soyez très attentive car l'homme que vous allez épouser ne va pas tarder à surgir ! » Elle fixe maintenant les beaux yeux bleus de la blonde Ingrid et se montre subitement autoritaire. « Votre date de naissance ! »

Pour le moins surprise, Ingrid bredouille : « Le... Le... 22 août 1946... » La dame extrait de son grand manteau un carnet et un crayon. Puis s'appuyant sur son bras, dessine quelque chose qu'Ingrid ne distingue pas. Elle referme vite le carnet et décrète : « C'est très bon ! Pas de problème, vous allez être heureuse ! » Et, immédiatement, elle consent à payer sa bouteille. En reprenant la monnaie, elle insiste : « N'oubliez pas ce que je viens de vous annoncer ! Et ouvrez l'œil ! »

Tournant rapidement les talons, elle disparaît. Dans le sens de la sortie, Ingrid n'a pas pu la manquer...

Nous sommes le 24 décembre 1968 en début d'après-midi. Comme chaque année à pareille date, c'est le rush dans l'épicerie de grand standing qui emploie Ingrid. Entre les clients venant emporter leurs commandes et ceux de la dernière minute hésitant encore sur leur menu, Ingrid et ses deux collègues, Dirk et Corene, n'ont guère le loisir de scruter les gens qui passent.

Certes, le comportement de « la dame en noir » a intrigué Ingrid. Mais comme, d'une part, elle n'a même pas eu le temps de marquer une pause à midi et que, d'autre part, elle ne croit absolument pas aux voyants et ne lit jamais son horoscope, la jeune femme ne pense plus à cette visite insolite.

17h05. À cet instant précis, Ingrid Allaert se trouve à l'extérieur de l'épicerie. Elle a introduit la clef dans la serrure de la porte qu'elle va fermer à double tour. Elle est restée la dernière dans le magasin. En cette veille de Noël, l'horaire de fin de journée a été changé afin de permettre au personnel d'arrêter le travail un peu plus tôt.

Ingrid va retirer la clef de la serrure quand elle entend : « Mademoiselle, mademoiselle... Attendez ! » Elle se retourne et découvre un jeune homme essoufflé – il vient visiblement de courir beaucoup et vite – qui lui explique : « Vous seule pouvez sauver mon repas de ce soir... » Il laisse passer trois ou quatre secondes, respire à fond, avale sa salive puis continue : « J'ai appris seulement tout à l'heure que vous fermiez à 17 heures. J'ai tout mis en œuvre afin de parvenir dans les délais mais voilà, j'ai été retardé par la circulation. Et par ma mère aussi qui, voyant que je sortais sans écharpe, m'a fait une scène ! »

Ingrid ne peut s'empêcher de sourire. « Et j'oublie les gants car je ne sais plus où je les ai posés hier soir... »

La jeune femme ironise : « Quelle triste vie ! » « Et vous ne connaissez pas le pire : si je ne ramène pas des victuailles de chez vous, ma fiancée va me tuer ! »

Ingrid fronce les sourcils : « Je pense que vous avez surtout besoin d'un garde du corps. Et, malheureusement, cet article ne figure pas dans nos rayons... » Puis, redevenant sérieuse : « Je suis désolée que votre existence soit aussi compliquée mais je suis pressée, on m'attend... »

Le garçon ne joue pas la comédie : « Vous ne pouvez pas vous rendre compte quel Noël je vais passer si ma fiancée n'obtient pas ce qu'elle veut ! » Ingrid ne peut s'empêcher de répliquer mi-sérieuse, mi-enjouée : « Eh bien, changez de fiancée ! Je ne suis pas la Mère Noël ! »

L'autre baisse la tête. « Je comprends... Je suis désolé de vous avoir importunée... » Il a l'air tellement triste qu'Ingrid regrette d'avoir plaisanté. Et en sortant la clef de sa poche, elle demande : « De quoi avez-vous besoin ? »

Elle fait de la lumière et s'empare de la liste que tient du bout des doigts son encombrant client. « Je m'en occupe, ça sera plus rapide. » « Vous êtes formidable ! Merci pour tout. Au fait, je m'appelle Chris Deberg. » « Enchantée ! Et moi, Ingrid Allaert. »

Et pendant que la caissière-vendeuse s'active à remplir deux sacs, Chris soliloque alors qu'Ingrid ne lui demande rien. « Je sais que je ne devrais pas céder à tous les caprices de Juliana... Juliana, c'est ma fiancée... Mais j'ai toujours agi de la sorte. Déjà lorsque nous étions étudiants, elle dirigeait tout. Parfois, elle me fait peur. J'ai l'impression que si je lui refusais quelque chose, elle serait capable de me frapper. Ou même de me couper en deux... »

Ingrid éclate de rire. « Je suis certaine que vous exagérez ! » « Vous ne connaissez pas Juliana. À l'université, il y avait même des profs qui se planquaient quand elle se fâchait… »

Ingrid s'amuse. « Vous ne confondez pas avec un dragon que vous auriez vu au cinéma ? » Puis se ravise : « Veuillez m'excuser, je me mêle de ce qui ne me regarde pas… » « Oh, il n'y a pas de mal ! C'est moi qui en ai parlé… »

Ingrid a terminé. « Voilà, votre fiancée va être ravie ! »

Sur le seuil, Chris remercie Ingrid vingt fois. Au moins. Puis s'éloigne, en courant à nouveau. Ingrid regagne l'appartement qu'elle habite avec ses parents ainsi que sa jeune sœur, Monika. Ce soir, les Allaert reçoivent huit personnes de la famille, il y a donc du pain sur la planche. Toujours serviable, autant que Monika, Ingrid assiste sa maman, de la cuisine au living en passant par l'entrée où il faut entreposer les manteaux des invités. Et, dans le courant du repas, elle raconte l'épisode du garçon paumé traumatisé par sa fiancée. Ce qui, entre la dinde et la bûche, divertit bien l'assemblée. Moins cependant que l'histoire de la dame en noir qui, elle, intrigue plus de la moitié des personnes. C'est l'oncle Koen qui s'exclame : « Ça crève les yeux, Ingrid ! Le gars que la brave dame a vu ne peut être que le retardataire ! »

La jolie blonde hausse les épaules : « Lui ? Mais il est fiancé ! » « À une emmerdeuse ! » réplique Koen. « Il est mignon au moins ? » interroge la sœurette. « Euh… Oui, pas mal… En réalité, je ne sais pas, je ne l'ai pas vraiment regardé, je remplissais ses sacs. Et, de toute façon, moi, je ne crois pas aux diseuses de bonne aventure… »

Le surlendemain, le 26 décembre, Ingrid retourne à l'épicerie où elle arrive de très bonne heure ; on ne manque pas de travail dans son secteur durant la période des fêtes.

En fin de journée, plongée dans les comptes de la caisse, quand Ingrid lève les yeux, elle voit d'abord un bouquet de fleurs puis, derrière, une tête qu'elle connaît : celle de Chris Deberg ! « Bonsoir ! Cette fois, je suis ici avant la fermeture ! » Ingrid ironise : « Et je vois que vous avez bien mis votre écharpe et vos gants ; votre maman doit être fière de vous… »

Chris sourit et tend son bouquet. « C'est pour vous remercier… » « De quoi ? » s'étonne Ingrid qui ne sait que faire de ces roses rouges qui, pour un peu, la feraient rougir…

« L'autre soir, vous n'étiez pas obligée de rouvrir le magasin, ni d'écouter toutes mes bêtises… » « Disons que c'était ma bonne action de Noël… Au fait, votre fiancée a apprécié ? »

Chris baisse la tête. « Oui, je crois… En réalité, elle m'a mis à la porte après l'entrée… Je lui ai laissé le reste… Elle n'a pas supporté que je ne la plaigne pas quant aux files qu'elle avait eu à affronter dans les magasins et m'a traité de sale égoïste… »

Ingrid se sent un peu mal à l'aise de se retrouver une nouvelle fois mêlée à la vie privée d'un inconnu. « Je suis désolée… » se contente-t-elle de commenter. « Il ne faut pas, rétorque Chris. Je regrette simplement de vous avoir fait perdre votre temps pour si peu de choses finalement. Quand je suis sorti de chez elle, j'ai marché pendant plus de deux heures puis je suis rentré à mon domicile et j'ai bien dormi. Le matin de Noël, je me suis senti comme différent de la veille. Il y avait eu en moi un déclic. J'avais compris que Juliana appartenait définitivement à mon passé et je m'en sentais soulagé. Notre vie à peu près commune durait depuis six ans. Elle m'avait choisi un peu, comme jadis, on achetait un homme au marché des esclaves… »

Ingrid lève les yeux au Ciel : « Je ne veux pas défendre votre fiancée… euh, ex-fiancée, mais je pense que vous exagérez… » « Peut-être… Bref, je n'étais pas libre. » Puis ajoute : « Et en tout cas pas heureux. »

Ingrid interrompt les confidences : « Vous voudrez bien m'excuser mais je dois terminer mon travail ; on va fermer… » Chris bredouille, bafouille puis finit quand même par demander : « Je peux vous attendre à l'extérieur ? » Et, là, c'est Ingrid qui mélange les mots : « Euh… Moi ? Oui, forcément, c'est à moi que s'adresse la question… Eh bien… Disons… Disons, si vous voulez, oui… »

Près de quinze minutes plus tard, Chris rayonne en apercevant Ingrid emmitouflée dans son manteau, les roses à la main. « Je vous offre un verre à la taverne du coin… D'accord ? » Il fait tellement froid que la demoiselle n'a guère envie de rester immobile sur un trottoir.

Elle commande un café; lui, une bière. Il parle beaucoup, se montre plutôt drôle dans le survol de ses mésaventures amoureuses et professionnelles. Depuis dix mois, il travaille dans une étude notariale sous la direction d'un quinquagénaire qui le terrifie plus encore que ne le faisait Juliana ! « Lui aussi, je vais le larguer. Le grand ménage a commencé ! » avertit-il.

Il se tait enfin, boit quelques gorgées, puis va à l'essentiel. « Le soir du réveillon, on vous attendait… C'était votre amoureux ? » Elle fait non de la tête. Voulant s'assurer qu'il ne s'embarque pas sur une voie sans issue, Chris insiste : « Vous n'avez pas d'amoureux ? » Elle fait à nouveau non de la tête.

Ingrid le trouve charmant, touchant, attendrissant, attachant même. Elle a l'impression que ce garçon a un énorme besoin de tendresse. À recevoir. Et autant à donner. Alors, quand Chris Deberg lui propose une deuxième rencontre sous forme d'un dîner, Ingrid n'hésite pas. « Demain, si vous arrivez comme aujourd'hui avant la fermeture, je serai là… »

Ils se quittent alors qu'une pluie bien glaciale a commencé à tomber. Ils se serrent la main puis, alors qu'il s'éloigne, Ingrid entend et voit Chris chanter et danser « Singin' in the Rain »…

Le 27 décembre à 19h40, juste avant de pénétrer dans le restaurant que Chris a réservé, il pose un baiser délicat sur la joue d'Ingrid qui le lui rend.

Tout naturellement, le lendemain, ils se revoient encore, se prennent la main, s'échangent de doux aveux. Au moment d'entamer le dessert – une bûche aux trois chocolats que le restaurant préféré d'Ingrid continue à proposer plusieurs jours au-delà du 25 décembre –, Chris coupe le premier morceau puis s'arrête. « Un rêve curieux ne me quitte pas depuis le 24 décembre au matin. En me réveillant, j'en ai même écrit le récit.» Chris sort de son portefeuille une feuille de papier qu'il déplie. Et lit ceci : « Une femme à l'aspect étrange, un peu inquiétant d'ailleurs, m'est apparue dans un songe. Je ne sais pas où se situait cette scène, elle n'avait pas de décor particulier. La dame était tout de noir vêtue et devait mesurer aux alentours d'un mètre quatre-vingts... »

Ingrid pose la petite cuiller qu'elle s'apprêtait à porter avec la bûche à sa bouche. Chris poursuit.

« Elle m'a dit ces mots : "Soyez très attentif car la femme que vous allez épouser ne va pas tarder à surgir !" Elle m'a demandé ma date de naissance, a griffonné je ne sais quoi dans un calepin puis a affirmé : "C'est très bon ! Pas de problème, vous allez être heureux !" Il y a eu un silence durant lequel elle m'a souri puis, avant de disparaître, elle a répété : "N'oubliez pas ce que je viens de vous annoncer..." » Ingrid enchaîne : « "... et ouvrez l'œil !" »

Chris fixe la jeune femme avec stupeur. « Comment le sais-tu ? » Elle pose la main sur la sienne puis, visiblement troublée, chuchote : « Parce qu'elle m'a dit exactement la même chose... »

À partir de cet instant, l'existence d'Ingrid Allaert et Chris Deberg ne sera plus la même. Bouleversés par la visite qu'ils ont reçue via des moyens et à des moments différents de ce 24 décembre 1968, ils se passionnent pour les phénomènes paranormaux et tentent de comprendre qui est cette dame, comment et pourquoi elle a fait irruption dans leur vie. Ils cherchent à la retrouver mais se rendent vite compte que la mission est impossible.

Ingrid et Chris ne se laissent pas pour autant influencer par sa prédiction lorsqu'ils commencent à parler mariage. Ce sont leurs sentiments qui commandent. Néanmoins, le jour de la cérémonie, à l'hôtel de ville puis à l'église, ils jettent à plusieurs reprises un coup d'œil dans l'assemblée. Et si la dame en noir venait féliciter les tourtereaux ? Mais elle ne se montrera pas de la journée. Ce qui ne signifiait pas nécessairement qu'elle avait renoncé à une présence dont elle garderait le secret. Ainsi que beaucoup d'autres...

REMERCIEMENTS

Merci à Dimitri Kennes dont l'enthousiasme et le dynamisme communicatifs m'ont donné envie de travailler avec lui.

Merci à Géraldine Henry avec qui j'ai – enfin ! – trouvé l'occasion de collaborer.

Merci à Ingrid Otto, « mon œil de lynx », qui corrige chacun de mes livres avec autant de talent que d'indulgence.

Merci à Michèle qui m'a convaincu d'écrire ce recueil d'histoires un peu particulières qui, l'un et l'autre, nous intriguent.

CHEZ LE MÊME ÉDITEUR

Un monde de foot
Frédéric Waseige, 2021

Le clan Reynders
Philippe Engels, 2021

Dans le souffle de la bombe
Karen Northshield, 2021

Trenet hors-chant
Jacques Pessis, 2021

Mes arrêts sur image
Michel Lecomte, 2020

On m'appelle la Tornade
Adrien Devyver, 2020

Un monde en suspens
Barbara Abel et François De Brigode, 2020

Les héros du coronavirus
Vincent Liévin, 2020

Les filles de A à Z
Catherine Girard-Audet, 2019

Grandir et faire grandir
Jean-Jacques Cloquet, 2019

L'épopée russe des Diables Rouges
Patrick Stein, 2018